CW01430767

Francesco Cataldo Verrina

MINGUS

il Meglio di un Bastardo

Edizioni KRITERIUS

MINGUS. Il Meglio di un Bastardo
AUTORE: Francesco Cataldo Verrina
Copyright © KRITERIUS EDIZIONI 2021
www.advnews.com/edizioni
jazz@advnews.com
PRIMA EDIZIONE: Maggio 2021
ISBN: 978-1-6671-3540-3
Stampato presso LULU INTERNATIONAL PRESS
Progetto divulgativo sostenuto da
«L'UNIVERSITA' DELLE IDEE»
COVER DESIGN «Irma Sander»
Le Immagini della copertina sono ricavate da due dipinti dell'artista Giuseppe Runza
Un ringraziamento speciale a Lorenzo Cuomo per il fattivo contributo apportato a questa edizione.

ATTENZIONE: le immagini delle copertine dei dischi di Mingus, inserite nel libro in maniera casuale, hanno solo una funzione estetica e riempitiva, puramente didascalica, ma non seguono alcuna cronologia.

«*Bene, la parola jazz mi disturba. Mi disturba perché fin da quando sono stato pubblicamente identificato con essa, ho fatto meno soldi ed ho avuto più problemi di prima.*»

Charles Mingus

INDICE

PREMESSA: C'È MINGUS IN OGNUNO DI NOI

Mingus è stato un personaggio che non si finisce mai di scandagliare, analizzare e capire. In verità l'avevo sempre affrontato solo dal punto di vista musicale, attraverso lo studio dei dischi, cercando di distillare il meglio dalla sua folta discografia: in minima parte mi ero interessato all'aspetto umano. In genere sono poco attratto dalle biografie, dalle vicende personali dei musicisti, pur consapevole che il privato possa condizionare talune scelte, specie nel caso di Mingus dove appare impossibile scindere l'elemento umano e privato da quello pubblico ed artistico: sovente sono un tutt'uno indivisibile.

Non nascondo che, in passato, avevo subito il fascino di una certa aneddotica sul suo conto o di talune dichiarazioni dirette e perentorie, dove tutto, però, si riduceva a tracciare i contorni di una personalità liquida ed instabile, pervasa da una strisciante frustrazione che prorompeva in atteggiamenti talvolta al limite della violenza, specchio fedele del suo modo di comporre, humus creativo per una musica non comune, dai tratti somatici marcati e differenti rispetto a quella proposta dal resto dei coevi. Per dipanare l'ingarbugliata personalità di Mingus e il suo stile sempre eclettico si richiede (con un'intensità non necessaria in altri ambiti del jazz) anche una lettura psicanalitica e umana del suo percorso artistico.

Lo scrittore tenta di far pressione sempre su due leve emotive: da una parte cerca un riflesso della propria vita nell'oggetto trattato, quasi una catarsi, un atto liberatorio; dall'altra qualcosa di distante da sé stesso per poter effettuare più agevolmente un'analisi fredda e lucida dei fenomeni. Per paradosso con Mingus non è, consapevolmente, possibile né l'una e né l'altra cosa, ma più spesso e inconsciamente, entrambe o in alternanza ora l'una ora l'altra.

Se decidi di studiare l'opera del contrabbassista e di concepire un costrutto concettuale coerente che lo riguardi, vieni comunque trascinato da una lucida follia: perfino il più protervo ed algido distacco emotivo tende a sgretolarsi man mano che ci si addentra nei meandri della discografia e delle vicende umane e personali di un personaggio dalla «forgiatura psico-somatica» non comune.

In ogni caso ne vieni contagiato ed avviluppato, scoprendo come anche in te, con tutta probabilità, ci sia un piccolo Mingus nascosto, pronto ad emergere non alla bisogna, ma quando meno te l'aspetti. Quella musica, che il bassista nei dischi e nei concerti sentiva sempre diversamente da come la sentiva in testa, diventa la metafora dell'esistenza umana, della non facile comunicabilità dei sentimenti: chi di noi, almeno una volta nella vita non ha avuto la sensazione di non essere percepito per ciò che era o per quello che si sentiva di essere? Chi di noi non ha mai desiderato essere qualcuno o qualcosa di diverso, da ciò che realmente è?

La vita dell'uomo di Nogales si sviluppò sotto forma di una spirale che risucchia tutto ciò che lo circonda: figura oversize, uomo imponente ed irascibile, spesso ingiusto, che dava in escandescenze, attaccava il pubblico se non prestava attenzione, scatenava risse, licenziava i collaboratori sul palco e, dopo qualche giorno, li ingaggiava nuovamente.

Padrone assoluto dello strumento, Mingus sapeva come piegarlo ai propri voleri e dominarne il costrutto musicale improvvisando sovente delle performance da manuale: una delle sue più importanti intuizioni fu proprio l'elevazione del contrabbasso dalla mera funzione di accompagnamento ritmico a quella di strumento dotato di potenzialità solistica e melodica. Leonard Feather nella sua Enciclopedia del Jazz, «Encyclopedia of Jazz in The Sixties», lo definisce «un collegamento essenziale tra la vecchia scuola, gli stili quasi dimenticati e l'improvvisazione libera degli anni sessanta».

Mingus sbandierava le proprie idee politiche sul palco esprimendo una personalità incontenibile. Una sorta di motore mobile costretto, ad un certo punto, all'immobilità dal terribile morbo di Gehrig, quasi per la legge del contrappasso. L'immagine del bassista di Nogales, rappresentata da molta letteratura sul suo conto, è quella di un individuo prepotente e prevaricatore, capace di gesti infinitamente generosi, ma anche di un'incontrollabile cattiveria. Non potrebbe essere diversamente: fatti e misfatti, storie e leggende, saggi ed articoli tracciano questo profilo del personaggio, ma ciò che mi ha spinto a scrivere questo libro è una rappresentazione triste e decadente di Mingus, un uomo malato e paralizzato su una sedia rotelle. Una visione crepuscolare della natura umana costretta a soccombere alla forza del tempo.

Diceva Carlos Monzón, pugile argentino, campione mondiale dei pesi medi, «prima o poi, nella vita, c'è sempre qualcosa o qualcuno che ti mette a tappeto». Mingus era stato uno indefesso combattente sul ring della vita e del jazz, pur con le sue paturnie interiori e gli stati d'animo mutevoli, ma una malattia aveva sconfitto fisicamente l'uomo, costringendolo a subirne gli effetti devastanti. Sia pur menomandolo e confinandolo su una sedia a rotelle, il morbo non riuscì a scalfire la sua imponenza artistica o ad offuscare quella che sarebbe stata la sua imperitura fama. Il tempo degli uomini e quello dell'arte hanno periodi di latenza e di durata assai differente. Se non avessi letto la descrizione di Max Gordon, mitico proprietario del Village Vanguard, difficilmente sarei stato mosso a scrivere questo libro.

Il racconto del gestore del noto club newyorkese si riferisce ad un evento commemorativo, quando Mingus versava già in cattive condizioni di salute. «L'ultima volta che vidi Charles Mingus fu sul prato dietro la Casa Bianca», dice Gordon, «dove il presidente Jimmy Carte dava un grande party per celebrare i 25 anni del Jazz Festival di Newport. Charlie era su una sedia a rotelle; c'era da oltre un anno affetto dalla stessa malattia senza rimedio che uccise Lou Gehrig, prima base degli Yankee. George Wein, organizzatore del Festival di Newport, presentò Charlie definendolo il massimo compositore vivente di jazz. Charlie non era in grado di alzarsi e di fare l'inchino, ma migliaia di persone scattarono in piedi e gli tributarono una vera ovazione. Jimmy Carter volle recarsi a stringergli la mano. Charlie se ne stava lì sulla sedia a rotelle incapace di spiccicar parola mentre le lacrime gli colavano sulle guance».

Lo stesso episodio fu riportato da Dizzy Gillespie in «Talking Jazz: An Oral History», ricordando che il presidente Carter «attraversò il prato fino a Mingus, lo afferrò e lo abbracciò».

Sia pur filtrata attraverso un racconto, sono stato spinto a talune ri-

flessioni da questa visione: la polaroid istantanea di un uomo fragile come un bambino, acclamato ma chiuso nel silenzio del dolore ed intrappolato dalla tirannia di un invincibile morbo, che versa lacrime non di autocommiserazione ma di commozione, che cede ai sentimenti riscoprendo la caducità e la precarietà dell'esistenza umana che, proprio nella malattia e nella sofferenza, diventa l'elemento egalitario per eccellenza. A questo punto ho iniziato un viaggio a ritroso nella fitta giungla della mente e della musica di Mingus, ma forse in questo itinerario ho cercato d'incontrare anche una parte di me stesso e del mio amore per il jazz. Laddove, per me, non è stato possibile trovare affinità elettive con l'imprevedibile contrabbassista o giustificarne taluni atteggiamenti, il «trasferimento della sensazione» attraverso la sua musica è perfettamente riuscito e la simbiosi è diventata quasi totale. Spero vivamente che il libro spossa sortire lo stesso effetto su di voi.

Francesco Cataldo Verrina

IL NEGRO-GIALLO

Chi fosse Mingus si potrebbe evincere subito dalle parole della sua vedova, Sue Graham Ungaro, giornalista e produttrice discografica che l'estroso musicista aveva conosciuto nel 1964 e sposato
due anni dopo, divenendo la coraggiosa compagna di vita durante
gli ultimi quindici anni di esistenza del contrabbassista. Bianca e
proveniente da una ricca famiglia del Midwest americano, Sue era
una donna emancipata e dal carattere felino: di certo la sua influenza fu determinante sul quel «non comune» marito dal carattere difficilmente parametrabile o circoscrivibile.
Il loro matrimonio venne officiato durante una pittoresca cerimonia
presieduta dal poeta Allen Ginsberg. Sue racconta: «*Una fredda
mattina di gennaio prima dell'alba, nel villaggio sacro di Rishikesh
nell'India settentrionale, ho sparso le ceneri di Charles Mingus nel
Gange, come lui mi aveva chiesto, immergendomi con esse nel fiume gelato secondo l'usanza indù, certa come lui che l'aria pungente
sotto la scura catena dell'Himalaya fosse propizia alla vita dello spirito e alla reincarnazione. Mentre m'incamminavo verso la mia
casa di una sola stanza sul Gange, tremando e grondante sulla sabbia, immaginai di appendere un giorno sopra l'ingresso un piccolo
cartello con il suo nome, la data di nascita e di morte ed il titolo di
un suo brano, «Tonight At Noon», che era un'espressione tipica del
gergo dei musicisti che evocava il sovvertimento temporale durante
i concerti, il capovolgimento delle ore di lavoro, l'inversione nell'ordine delle cose. Forse, pensavo che quella fosse la nuova vita che
lui aveva già immaginato*».
Quale vita Mingus avesse immaginato per sé, forse, è difficile da
stabilire, ma molto può essere enucleato dalle sue gesta e dalle sue
opere. Di certo l'esistenza di Charles Mingus è stata legata ad un
costante sovvertimento di molte regole nell'ambito della sintassi

sonora del jazz. Come in pochi altri casi si può tranquillamente affermare che esiste il jazz e poi esiste Mingus, nonostante l'uno e l'altro separatamente avrebbero poca ragione di esistere.

Ad una radio canadese una volta si raccontò così: «*Sono Charles Mingus. Mezzo nero, mezzo giallo, ma non proprio giallo e nemmeno bianco quanto basta ad essere identificato come tale. Per quanto mi riguarda mi considero un negro. Charles Mingus è un musicista, un musicista meticcio che produce musica bella, terribile, amabile, maschia e femmina. E ogni tipo di suono: forte, piano, inaudito. Suono, suono suono, suono: in realtà sono uno che gli piace un sacco giocare con i suoni*».

Che Mingus fosse destinato a grandi gesta lo si può evincere dalle dichiarazioni di Gunther Schuller. Nel 1947 la crescente reputazione come contrabbassista lo aveva portato a lavorare per un certo periodo con la big band di Lionel Hampton. Nel novembre dello stesso anno, Hampton registrò un brano dell'allora venticinquenne bassista intitolato «Mingus Fingus». Gunther Schuller espresse alcune perplessità sulla forma di questa composizione nella sua opera «The Swing Era», ma, per compenso, lodò Mingus come un «*sorprendente esempio di nuovo talento compositivo che lotta per farsi sentire*». Inoltre, Schuller sottolineò che «*molti tratti concettuali e ideologici successivi di Mingus si possono già sentire in questo primo tentativo: l'umorismo caustico e pungente, le dense e selvagge texture contrappuntistiche aggiunte, per così dire, a molteplici linee spontanee, nonché le incursioni nell'atonalità*».

Mingus è stato un personaggio imponente nella corporatura, ma anche molto ingombrante, non solo fisicamente, all'interno della storia del jazz, come lo è stato Duke Ellington, che a conti fatti rimane la sua maggiore influenza o come lo furono Charlie Parker, John Coltrane, Thelonious Monk, Bud Powell, Miles Davis, Lester Young e pochi altri; la sua era una mente distorta e vagante, che lo portava ad essere incrollabile, eccentrico ed umorale. Una strana forma inquietudine che lo accomunava ad alcuni dei suoi succitati colleghi. Anche se per cause differenti, Thelonious Monk aveva stati d'animo irregolari riflessi nel suo pianismo, spesso restava muto e chiuso in sé stesso o esplodeva in gesti e movimenti inconsulti sul palco o reazioni in preda ad una incontenibile irascibilità.

Charlie Parker affrontò la labilità dell'umore e le proprie insicurezze attraverso la dipendenza dalla droga (pratica che però Mingus non condivideva e combatteva strenuamente), i suoi comportamenti sovente erano imprevedibili come le sue originali progressioni improvvisative. Perfino Bud Powell aveva forti sbalzi di umore dovuti ad un frequente mal di testa post-traumatico, amaro frutto di una manganellata ricevuta sul capo mentre tentava di difendere Thelonious Monk durante un'incursione della polizia in un club di Harlem. Lo stesso Lester Young non è che fosse del tutto regolare e comprensibile in alcuni suoi atteggiamenti o approcci comunicativi con la realtà circostante, ma nell'animo di Mingus ribolliva, geneticamente, un alambicco di elementi chimici instabili e sempre pronti ad esplodere sia sotto forma di rabbia che di intelligenza creativa.

Charles Mingus nasce a Nogales il 22 aprile 1922 e muore a Cuernavaca il 5 gennaio 1979, a 57 anni non compiuti. Miscuglio di tutte le razze: afro-americano con sangue europeo ed asiatico, una sorta di melting-pot vivente, padre mulatto nato da un nero e da una svedese, madre metà cinese e metà pellerossa, Mingus non s'integrò mai in nessuna comunità finendo col definirsi un «negro giallo», come lo apostrofavano da ragazzino nel ghetto; al netto, però, della lotta politica e dell'idealismo critico, non fu mai settario nelle scelte musicali, circondandosi spesso di musicisti bianchi.

La storia spesso lo racconta come una delle figure eminenti del jazz del dopo guerra, ma è stato molto di più: la sua musica aveva una forza «parlante» che oltrepassa quelli che erano gli standard convenzionali facendo di lui un personaggio dirompente, eccentrico e anticonvenzionale, tanto da diventare il guru dei poeti Beat e della controcultura giovanile, avversario feroce del sistema americano classista ed imperniato sul separatismo razziale e religioso.

Genio «pazzo e arrabbiato» per sua stessa definizione, paladino dell'indipendenza artistica e della libertà di sperimentazione, Mingus studia dapprima il trombone ed il violoncello, per poi passare al contrabbasso su indicazione del sassofonista ed amico Buddy Col-

lette. Dopo significative esperienze nell'ambito del jazz tradizionale, dello swing orchestrale e del bebop, negli anni Cinquanta comincia a dedicarsi ad una sperimentazione attenta di molteplici forme musicali, anche di tipo eurocolto, per poi volgersi ad un linguaggio sempre più espressionistico legato alla tradizione afro-americana, riuscendo a calare il parossismo estatico della musica nera di
tipo religioso in una sofisticata concezione orchestrale, che nei pic-
coli gruppi trovava linfa ed ispirazione creativa grazie ad un integra-
to rapporto composizione-improvvisazione.

Il contrabbassista di Nogales ebbe una prima infarinatura musicale
proprio grazie ai canti gospel delle congregazioni religiose di Watts,
in cui trascorse la sua infanzia. Perse la madre quand'era molto piccolo e suo padre, un sergente dell'esercito, lo crebbe insieme ad
una sciatta matrigna nel quartiere di Watts a Los Angeles alimen-
tando la sua passione per la musica. Fin da piccolo si distinse per
un'intelligenza vivace, tanto che il genitore lo incoraggiava spesso
dicendogli: «anche per gli standard di un bianco sei un genio».

Il giovane Charles studiò vari strumenti, tra i tanti il suo preferito
era il violoncello. Per un afro-americano, però, appariva piuttosto
difficile diventare un esecutore di musica classica. Il passaggio al
contrabbasso gli garantì subito un posto in un'orchestra swing. Il
suo talento non passò inosservato, così a 21 anni si trovò catapulta-
to nel mondo dei professionisti del jazz, suonando e registrando al
fianco di alcuni dei più quotati musicisti d'America tra cui Louis
Armstrong. «La gente non sa cosa sia un uomo nero (è bello dire
uomo nero) - scriverà più avanti Mingus - la gente non sa quello
che ci vuole per fare un musicista jazz. Da giovane sono cresciuto
più con la musica classica che con qualsiasi altro genere. Era l'unica
musica a cui eravamo esposti, a parte il coro della chiesa».

Charles Mingus non fu mai un pioniere nel senso più stretto del termine, detestava le avanguardie e del free jazz fu più fiancheggiato-
re e ispiratore che interprete: preferì sempre rimarcare i suoi legami con la tradizione piuttosto che nasconderli, così come era estraneo alle convenzioni razziali della sua epoca, soprattutto non può
essere assimilato in toto ad un preciso stile jazzistico.

14

Il blues ed il jazz delle origini sono state le principali fonti d'ispirazione per il Mingus compositore, la cui forza rivoluzionaria fu quella di saper rimodulare ed espandere il vissuto musicale precedente all'interno di una nuova ed inedita dimensionalità, abbeverandosi sovente anche ad altre fonti di ispirazione extra-jazzistiche che nascevano dall'ascolto e dallo studio di Bach, Richard Strauss e Arnold Schönberg, da una malcelata passione per Claude Debussy e Maurice Ravel, perfino per l'intellettualismo compositivo di Lennie Tristano.

Nonostante fosse apparso sulla scena in piena deflagrazione bebop, il contrabbassista fu molto più influenzato dalle idee di Duke Ellington piuttosto che da quelle di Charlie Parker e Dizzy Gillespie. La sua quasi ossessione per il Duca, nonché la sua propensione verso un sound orchestrale anziché puramente solistico, gli valsero la conferma del soprannome di Baron (Barone), definizione che egli stesso utilizzò in prima istanza, ma che non ha mai amato molto, poiché gli sembrava una sorta di vassallaggio e di deminutio capitis rispetto a Duke Ellington. Mingus detestava gli appellativi e le catalogazioni, specie quando arrivavano dai giornalisti bianchi.

Questa è una delle sue eclatanti dichiarazioni: «*Ci fanno diventare famosi e ci danno dei nomi: il Re di questo, il Conte di quello, il Duca di quest'altro! Tanto crepiamo senza il becco di un quattrino. A volte penso che preferirei morire piuttosto che affrontare questo mondo di bianchi*». Il contrabbassista era sempre stato ossessionato da atteggiamenti di razzismo nei suoi confronti sia da parte dei bianchi che dei neri a causa delle origini meticce. La rabbia che covava dentro era come una polveriera sempre pronta ad esplodere, fu uno dei primi a fondere musica e problematiche razziali infarcendo le sue composizioni di testi declamati, dei veri propri manifesti politici o delle prese di posizione esemplari.

Molti suoi contemporanei, specie i discografici, lo consideravano un tipo difficile con cui trattare, un uomo dal carattere burrascoso e poco incline ai compromessi, soprattutto quando si trattava di discriminazioni razziali che i musicisti afro-americani subivano quotidianamente, a prescindere dal loro talento e dalla fama acquisita.

«Non chiamatemi jazzista» disse una volta nel 1969, *«jazzista significa negro, discriminazioni, cittadino di serie B, sedili in fondo all'autobus»*.

Mingus, come Ellington e diversamente dagli eroi dell'era bebop, fu più un compositore che un solista; il suo confronto acutamente consapevole con la storia, la sua e quella del jazz, divenne una questione sia politica che artistica. In un'intervista del 1972 rilasciata a John F. Goodman per il libro «Mingus Speaks», dice: *«Charlie Parker era la cosa più moderna, ma in realtà avrei dovuto venire prima di lui (...) poi sarebbe dovuto entrare in scena Bird, ma invece mi hanno completamente ignorato e ho dovuto adattarmi io a suonare il suo tipo musica. Cosa che sono contento di aver fatto, ho imparato molto da quell'esperienza, ma non è onesto far venire qui i ragazzi, lasciandogli credere che il jazz debba adattarsi a quella forma di musica»*.

Mingus si era fatto notare per quella sua caratteristica che Demètre Ioakimidis definiva *«polifonia aggressiva»* e per la capacità di rielaborare qualsiasi cosa. Tra il 1954 e il 1955 il bassista si prodigò nel testare una serie di formazioni sperimentali dalle quali sarebbe nato il suo laboratorio permanente, il Jazz Workshop.

Il breve racconto che segue, ci offre una particolare chiave di lettura dell'autonomia e della combattività del contrabbassista: il 4 ed il 5 marzo del 1955, Mingus prese parte ad un concerto all-stars al Birdland insieme al trombettista Kenny Dorham. Quella notte, molti dei protagonisti sembravano su di giri, in preda ai fumi dell'alcool e vittime dei loro tipici disturbi mentali.

Nello specifico ci fu una violenta lite tra Charlie Parker e Bud Powell, quest'ultimo sfasciò la tastiera del pianoforte a gomitate. Bird si avvicinò al microfono ed annunciò: *«Ci dispiace, ma il nostro uomo di punta ci ha lasciati»*. Invece di rimettersi a suonare, cominciò ad urlare ripetutamente per circa quindici volte il nome di Bud Powell, lo fece con una voce così lamentosa, tanto da irritare il pubblico. La serata era quindi compromessa, così Mingus raggiunse il microfono prendendo le distanze dall'accaduto: *«Signore e signori -* disse *- vi prego di non associarmi a ciò che è successo qui stanotte.*

Questo non è jazz, questa è gente nauseante». Una settimana più tardi Charlie Parker moriva nella casa della baronessa Nica Rothschild di Koenigswarter vomitandole su un vestito da 1000 dollari.

Quanto accaduto dimostra come Mingus fosse un giocatore nato, un uomo in grado di svincolarsi nelle situazioni più complicate; geneticamente competitivo, non ebbe mai relazioni idilliache con i notabili della nomenclatura jazz. La vita del contrabbassista fu come una specie di scacchiera sulla quale dover sferrare sempre una mossa azzeccata per non soccombere o essere un perdente. Una vita non facile giocata sempre all'attacco e mai di rimessa.

Il gioco degli scacchi potrebbe essere considerato perfino una sorta di terapia che mette a dura prova l'autocontrollo dei contendenti. È una sfida basata non solo sulla conoscenza tecnica delle mosse, ma su una strategia complessiva che cerca di dominare l'avversario anche sotto il profilo psicologico: ogni gesto, qualunque movimento, qualsiasi sguardo può tradire le proprie debolezze ed incertezze e spianare un campo aperto alla successiva mossa del contendente che potrebbe essere definitiva e letale: «Scacco al Re!». È consentito il famoso stallo, ma non quello mentale: lucidità e nervi saldi sono di prammatica. Per un carattere incontenibile come Mingus, gli scacchi dovevano essere una sorta di fuga in una dimensione creativa speculare alla sua fase compositiva: su quella piattaforma il contrabbassista intravedeva la sua musica fatta di complesse trame, intrighi sonori e demoni da combattere, nei confronti dei quali bisognava sferrare la mossa vincente, ossia l'armonizzazione dell'insieme.

«Chazz» nasce dalla fusione delle parole «jazz» e «chess» (scacchi in inglese). Non è un caso che il bassista abbia cercato di assimilare, sovente, il jazz stesso e la sua dimensione sonora ad altri elementi come un pagliaccio o una scimmia, usandoli come metafore descrittive ed esemplificative.

A ridosso del Natale del 1955, era il 23 dicembre, Mingus seguito da una piccola orda di gregari infiammò il Cafe Bohemia di New York. Non c'era alcuna partita in ballo, ma dalle registrazioni effettuate fu ricavato un ottimo album live, che bypassa agevolmente l'atmosfera sonora del tempo. Salirono con lui sul palco George Barrow al sax tenore, Eddie Bert al trombone, Mal Waldron al piano e alla batteria Max Roach (traccia: A3), Willie Jones (tracce: A1, A2, da B1 a B3). Il contenuto di «Chazz» è ben diverso dal bop di maniera tipico del 1955.

Rispetto al passato Mingus si stava muovendo sulla scacchiera del jazz con differenti motivazioni, il cui punto di arrivo sarebbe stato il concetto di un ensemble, sia pure ridotto, ma in grado di sviluppare l'effetto globale di una big band. Il suo faro era Duke Ellington. Mingus tentò un attacco a forchetta giocando sulla libertà di improvvisazione del line-up ristretto, da cui riuscì ad estrapolare un ricco caleidoscopio sonoro sostenuto da un apporto ritmico muscoloso, intenso, motivato ed impacchettato in una confezione agro-dolce.

Ad onor del vero, la presenza di Mal Waldron fu determinante per la buona riuscita della performance, tanto che meriterebbe la medaglia di co-leader in pectore. Le parole dello stesso Waldron chiariscono molto bene le finalità di questo live che potrebbe essere considerato come l'esordio discografico ufficiale di Mingus: «*Questo è un Jazz Workshop album, ciò significa che qui troverete nuove idee e nuovi sviluppi di vecchie idee. Qualunque cosa troviate, non potete giudicarla completamente con criteri tradizionali*».

Di certo parliamo di un album non tanto diffuso, a molti sconosciuto, all'interno della vasta e variegata discografia del genio di Nogales; addirittura potrebbe essere considerato come un allenamento, una fase preparatoria al suo iconico capolavoro «Pithecanthropus Erectus».

Molte frasi sonore e cambiamenti di ritmo, perfezionati in seguito, compaiono su già «Chazz». La registrazione risulta brillante ed avvincente, nonostante il materiale sia stato catturato dal vivo, soprattutto il brano di apertura, «Jump Monk», lascia intendere che «Chazz», al netto delle peripezie discografiche (fu pubblicato in varie edizioni ed è conosciuto anche come «Mingus At The Bohemia»), non sia stato solo un momento di riscaldamento, almeno non solo quello.

Nat Hentoff sulle pagine di Down Beat recensì «At The Bohemia» in maniera entusiastica; i toni furono esaltanti ed il voto rasentò il massimo: quattro stellette e mezza. Un mese e una settimana più tardi Mingus fissò su nastro l'innovativo ed ambizioso «Pithecanthropus Erectus» e nulla, per lui e per il jazz, sarebbe stato più lo stesso. *(The Charlie Mingus Quintet - «Mingus At The Bohemia» / «Chazz», 1955).*

Nel 1951 Mingus si era trasferito a New York. La Grande Mela appariva come una Babele pullulante di gente a caccia di fortuna, nonché come una fumosa fucina di creatività e di talenti aperta ventiquattrore su ventiquattro, dove, anche a gomitate, risultava assai difficile farsi largo se non si era in possesso di una spiccata personalità. Qui fu presto cooptato negli ensemble di personaggi come Art Tatum, Bud Powell, Dizzy Gillespie e Charlie Parker. Nel 1953 si unì alla big band del suo idolo, Duke Ellington. Durante la metà degli anni '50, però, Mingus aveva cominciato a maturare come compositore, modificando le forme convenzionali del bop a cui aggiunse inusuali contrasti ritmici destinati a diventare il suo marchio di fabbrica. Sin dall'inizio, il principale cruccio del bassista fu quello di oltrepassare il perimetro del jazz tradizionale e di allargarne gli orizzonti attraverso l'uso dell'atonalità e della dissonanza. Quanto detto potrebbe essere il giusto preambolo a «The Charles Mingus Quintet + Max Roach».

Sebbene non sia stato editato fino al 1964, l'album fu ripreso dal vivo il 23 Dicembre 1955, al Cafe Bohemia di New York, fra le 3 e le 8 del pomeriggio. In questa stessa *location*, per la qualità ambientale, vennero registrati molti concerti. In realtà, trattasi della seconda parte del live già trattato e pubblicato nel 1956 come «Chazz», o «Mingus At The Bohemia».
Non deve sorprendere se in «Quintet» si respiri la medesima atmo-

sfera di «Chazz» in quanto album rivelatore di un gruppo che speri-
mentava in tempo reale, mentre cercava di accontentare, contestualmente, il pubblico con qualcosa di familiare e di facilmente
fruibile. Questa registrazione, così come la precedente, arrivò in un
momento della carriera in cui Mingus stava cercando una dimensione precisa ed un contrassegno saliente che imprimesse al suo
sound le stimmate dell'originalità. Alcuni dei brani presenti diven-
teranno dei classici, ma saranno più volte rimaneggiati negli anni,
prima di ottenere una struttura definitiva.

Sono due le composizioni di Mingus: «Haitian Fight Song» e «Love
Chant». «A Foggy Day» di George e Ira Gershwin viene eseguita con
i musicisti che imitano i suoni di strada. La versione successiva rea-
lizzata in studio catturerà meglio tale effetto, ma è comunque interessante ascoltare questo primo tentativo per comprenderne la
successiva evoluzione. La versione di «Haitian Fight Song», quasi
essenziale, snella e lineare in questa occasione, basata su un'accattivante melodia soul-jazz-blues, in futuro sarà trasformata in un feroce grido di battaglia, diventando l'emblema dell'album «The Clown». «Love Chant» non risulta molto diversa dalla successiva registrazione in studio, anche se in futuro verrà proposta con più energia.

«In Quintet + Max Roach» Mingus si avvale di Mal Waldron al piano, George Barrow al sax tenore, Eddie Bert al trombone e Willie
Jones alla batteria. Come suggerisce il titolo, Max Roach sostituisce
Jones con un paio di innesti (da qui il «plus» del titolo), ed è proprio in quei momenti che l'album acquista maggiore sostanza e
spessore. La composizione di Roach e Mingus, «Drums», contiene
tutti i germi dell'avanguardia, andando oltre qualsiasi altra cosa
stesse accadendo nell'universo jazz in quel dato momento.

Non si dimentichi che siamo nel 1955. Tutti gli strumenti suonano
come droni tele-guidati da una forza sovrannaturale, usando sequenze di accordi *off-kilter* (non convenzionali), mentre Roach
esplora gli impervi sentieri della poliritmia attraverso un flusso costante. In questo disco Mingus fa con il contrabbasso molto di quello che Coltrane farà con il sax anni dopo.

21

Negli anni a venire la scena avanguardista avrebbe apportato nel nel jazz molte innovazioni, ma mai di questo livello e con così largo anticipo sui tempi. Quando nel 1964 «Charles Mingus Quintet + Max Roach» verrà immesso sul mercato sembrerà molto più avanti di tanti dischi usciti in quel periodo e registrati qualche settimana prima. Roach, ad esempio, lancia un assolo prolungato in «I'll Re-member April», dando un saggio ed una lezione spontanea su ritmi «a ruota libera» che verranno poi adottati da batteristi di seconda generazione come Tony Williams e Jack DeJohnette. L'altro stan-dard presente nell'album è «Lady Bird», la cui struttura melodica assume le tipiche caratteristiche del brand mingusiano, facilmente riconoscibile.

Lungo tutti i solchi, Barrow e Bert tendono a suonare in maniera più dritta, senza fughe per vie traverse, mentre Waldron è più incli-ne a entrare nel gioco voluto dal capo con inusuali e grintosi avant-blues ed occasionali e sfarzose stravaganze stilistiche pescate nel suo background classico. Waldron, in generale, si proponeva con un evidente senso di consapevolezza e di scaltro opportunismo che meglio si adattavano alla visione d'insieme prefigurata da Mingus.

Le parole del recensore possono agevolare la comprensione, ma dopo un ascolto attento ed accurato, sarete voi a compenetrare l'essenza della musica di Charles Mingus e dalla sua unicità. Que-sto, a mio avviso, potrebbe essere classificato come uno dei suoi cinque album migliori, se non altro per la sua forte carica innovati-va; non facilissimo ma già dopo qualche ascolto scivola senza attri-to alcuno e potrebbe coinvolgere emotivamente anche i neofiti. «The Charles Mingus Quintet + Max Roach» resta comunque un al-bum anticipatore di molte idee sfruttate dalle avanguardie negli anni a seguire, imprescindibile per lo studio e la comprensione del-l'evoluzione dal jazz moderno. *(«The Charles Mingus Quintet + Max Roach», 1955).*

LA BOTTEGA DEL SUDORE

Nel 1952, irritato dall'ingiusto trattamento riservato ai musicisti dalle grandi etichette discografiche, Mingus fondò la Debut Records con tanto di casa editrice, al fine di tutelare e documentare il suo crescente repertorio di musica originale e le sue produzioni. Quasi contestualmente aveva fondato il «Jazz Workshop», una sorta di laboratorio sperimentale, un forum aperto che consentiva a molti giovani compositori e strumentisti di avere i dischi delle loro performance eseguite sia in dal vivo che in studio. Furono poche le collaborazioni esterne di Mingus ai dischi di altri musicisti: «Lionel Hampton and His Orchestra (1946-1947)», Decca; 1956 «Red Norvo Trio», Savoy; 1961 Charlie Parker - «Jazz Perennial», Verve; 1953 «The Quintet: Jazz At Massey Hall» (with Dizzy Gillespie, Charlie Parker, Bud Powell, and MaxRoach), Debut.
Nella sua bottega-laboratorio, Mingus istruiva meticolosamente il musicista più adatto ad eseguire le linee ed i tratti saliente di una specifica composizione, assicurandosi che ogni sfumatura fosse pienamente compresa e contemplata. Il suo intuito nell'assemblare combo ristretti o compositi ensemble e nel tirare fuori il meglio da ogni esecutore divenne presto un tratto caratteristico del suo opificio creativo: numerosi furono i musicisti che fiorirono sotto la sua direzione. Alla fine del decennio, i continui dissapori per il trattamento economico ricevuto da parte dell'industria musicale lo spinsero a fondare la «Jazz Artists Guild» (purtroppo di breve durata) ed a cimentarsi perfino sul terreno dell'organizzatore di concerti.
Nel 1954 il contrabbassista aveva dato vita al Jazz Composers Workshop, con il quale produsse quattro album da 10 pollici, due per Savoy e due per la Period. Tra quelli della Savoy uno, l'MG-15055, venne attribuito al pianista Wally Cirillo anziché a Mingus. L'album conteneva solo quattro brani di Cirillo e Mingus, mentre il

23

resto si basava sulle composizioni del pianista Bobby Scott.

L'altro microsolco edito su etichetta Savoy, denominato «The Moods of Mingus» (MG-15050), è considerato ufficialmente il secondo album come band-leader del contrabbassista di Nogales. Un anno dopo, tutto il materiale venne assemblato insieme in un unico album da 12 pollici (un più moderno e capiente 33 giri) con il titolo «Jazz Composers Workshop», combinando il materiale contenuto in entrambi gli EP da 10 pollici. Risultano a firma Mingus «Purple Heart», «Gregorian Chant», «Eulogy for Rudy Williams» e «Getting Together», mentre vengono accreditati a Wally Cirillo «Smog L.A.», «Level Seven», «Transeason AKA Transocean» e «Rose Geranium». L'autorevole critico Brian Priestly fa notare come lo standard del 1925 «Tea For Two» fosse intrecciato a campionature musicali provenienti da «Perdido» e «Body and Soul».

Mingus in «Hot House» userà lo stesso metodo innestando «Woody 'n You» in «What Is This Thing Called Love» di Cole Porter. Le cinque tracce tratte da «The Moods of Mingus» erano state registrato il 31 ottobre 1954 al Rudy Van Gelder Studio in sestetto: John LaPorta al clarinetto e sax alto, Teo Macero ai sax tenore e baritono, George Barrow ai sax baritono e tenore, Mal Waldron al pianoforte, Mingus al basso e Rudy Nichols alla batteria; i quattro brani nominalmente guidati da Cirillo si riferiscono ad una registrazione in quartetto del 30 gennaio 1955, sempre da Rudy Van Gelder, con Teo Macero al sax tenore, Cirillo al piano, Mingus al basso e Kenny Clarke alla batteria. Nelle recenti edizioni è stata inclusa anche una versione di «Body And Soul», relativa alla seconda sessione del 31 ottobre 1954.

Ascoltando attentamente l'album, ci si accorge che Mingus non aveva ancora trovato la giusta combinazione di influenze e di linguaggi espressivi attraverso cui esprimersi al meglio: un velato citazionismo supera a tratti l'originalità delle composizioni. Il contrabbassista studia e prende le misure di quella che sarà la sua futura forma mentis e la materia sonora definitiva, ammesso che ce ne sarebbe stata mai una. In alcuni tratti l'album ha un sapore datato a causa dell'eccessiva ridondanza del clarinetto di John La Porta che emana sonorità vagamente retrò; alcuni arrangiamenti risultano ancora frutto di una formula in fieri e non del tutto collaudata.

Molti spunti sono elementi premonitori del Mingus che verrà, ma ancora allo stato larvale, altri sembrano subire eccessivamente l'influenza di Duke Ellington, specie nell'orchestrazione e nella distribuzione delle partiture. Nel complesso un album superiore alla media del periodo: Mingus, pur non essendone del tutto consapevole, era per certi versi già molto avanti. *(Charles Mingus - «Jazz Composers Workshop», 1956).*

«The Jazz Experiments of Charles Mingus» è il risultato di una sessione per la Period Records, originariamente stampata nel 1954 su due dischi da dieci pollici, intitolata «Jazzical Moods». In seguito la Bethlehem ne ha acquisito i diritti e rimasterizzato il materiale originario ripubblicandolo nel 1956 in un unico microsolco da 12 pollici. In riferimento a questo set Mingus aveva preferito il termine «Jazzical», poiché a suo avviso si trattava di un costrutto sonoro che faceva riferimento a delle forme classiche di jazz mischiate a delle forme più innovative.

Lo stesso contrabbassista sosteneva, però, che la sua musica fosse il risultato di una sua scrittura spontanea e non coscientemente basata su un'architettura predeterminata o preconcetta, pertanto i nuovi titolari dei diritti ritennero che il titolo «The Jazz Experiments of Charles Mingus» avrebbe meglio identificato i contenuti dell'album, frutto della mente illuminata di un artista che guardando il passato era in grado di proiettare il jazz verso il futuro, forte anche di un ottimo organico: Charles Mingus basso e piano, Jackson Wiley violoncello, Teo Macero sax tenore e baritono, Thad Jones tromba, John LaPorta clarinetto e sax alto e Clem De Rosa batteria. Fu lo stesso contrabbassista a descrivere alla perfezione i vari momenti della session.

«What Is This Thing Called Love» fu organizzata in modo da dimostrare quanto fosse facile ascoltare più linee armoniche contemporaneamente. Le parole del bassista furono usate come note di copertina: «Avevo usato questo metodo originariamente su un arrangiamento di «Tea For Two», ma questo attuale è ancora più complesso. Uso tre melodie famose per le diverse linee, provocando a volte una lieve dissonanza, che esalta le altre armonie e serve come dispositivo per superare i limiti meccanici di alcuni strumenti; «Minor Intrusion» è una mia composizione basata su uno stato d'animo blues ma senza ricorrere alla solita frase di 12 battute. Dopo una breve introduzione di batteria, tromba e contralto, il basso imposta una linea melodica che viene ripetuta da ogni strumento: violoncello, contralto, tenore e tromba, mentre il pianoforte s'intromette e continua a sviluppare una sensazione di sofferenza con il sostegno della batteria e del violoncello, la tromba tenta di staccarsi dal languore con un'espressione più vivace, ma è contrastato prima dal sax alto e poi dal tenore che riportano l'insieme allo stato d'animo originale.

Progressivamente ci si avvicina ad un primo climax attraverso due versi scritti per contralto e tromba. Jack al violoncello continua con linee simili al basso mentre il piano imposta gli accordi dietro l'as-

solo del tenore, che conduce al bridge con brevi assoli concepiti come un'eco; quindi una confusionaria ridda di voci strumentali, ciascuna in competizione con l'altra per la supremazia, raggiunta con un quarto di tono dal lugubre grido del sax tenore che produce una differente di sensazione di blues, fino a quando contralto e tromba non annunciano bruscamente il ritorno alla linea melodica originale accompagnati da un leggero sottofondo di tamburello. Procedendo, lo schema conduce ad un duetto tromba-contralto più vivace rispetto alla «minore intrusione» del pianoforte, mentre l'atmosfera è prolungata dall'assolo di Teo al tenore, quasi ad libitum. Dove prima c'era confusione, con molte linee in entrata, ora c'è armonia e correlazione con i ritmi forniti da violoncello e contrabbasso.

Il movimento successivo è meno confusionario e privo di linee scritte che si sovrappongono, sostituito da assoli di basso e sax alto, che mirano all'unificazione. Il perforante e lugubre grido di Teo Macero si ripete, ancora più forte, mentre l'atmosfera si risolve in una sensazione di blues ancora più marcata, mentre il costrutto termina poggiandosi su un'armonia che sviluppa una piacevole dimensione indecisa e sospesa. Potrei aggiungere che Teo è una risposta alla preghiera di qualsiasi compositore che a volte sente il bisogno di altri strumenti (oltre a quelli a corda o percussioni) che possano essere usati per suonare quarti di tono definiti, così ho approfittato della sua presenza per includerne alcuni in «Minor Intrusion»; «Stormy Weather» arrangiato da John LaPorta, ricorda il periodo di «Jump for Joy» di Ellington. Il tono caldo della tromba è espresso con grande decisione e ben caratterizzato. «Four Hands» è una composizione swingante che segna il mio debutto al pianoforte (sono davvero un pianista frustrato).

Un ottimo lavoro come solisti da parte di Teo Macero al tenore e John LaPorta al contralto. «Thrice Upon A Theme» si sostanzia in due movimenti, in effetti il secondo movimento è solo lo sviluppo del primo tema. Un intermezzo segue il secondo movimento mentre il primo viene ripetuto e ulteriormente sviluppato. Parliamo di una riqualificazione del secondo movimento come segue che rispetto al

*primo è più alto sia nel tono musicale che emotivo. La sottodomi-
nante della tonica è trasposta, il che significa che siamo in una tonalità minore di una quarta più alta del movimento originale, che
ripetuto da basso, clarinetto e baritono, succede ad un assolo di
batteria, con brevi accordi che si interrompono, seguiti da una linea
cromatica discendente ed un ricco cluster di pianoforte, culminante
in un caos di linee libere suonate da tutti gli strumenti;*
*«The Spur Of The Moment» è una creazione di Thad Jones. Questa
composizione dispone di tre parti melodiche che sono allo stesso
tempo lineari ed intrecciate. Il tenore suona una moderna linea di
trombone, la tromba assume una direzione imprecisata, mentre il
sax alto è impegnato con un discorso tutto suo tentando di dialoga-
re con gli altri due strumenti. Ognuno dei sodali ha spazio per i propri assoli, mentre il finale diventa un happening collettivo».*

Questo può essere considerato certamente uno degli album sperimentali del contrabbassista di Nogales, non c'è tutto «il genio» di
quel Mingus che avremmo conosciuto ed apprezzato negli anni a
venire, ma ci sono molte delle sue straordinarie intuizioni, come la
creazione della dissonanza intrecciando linee melodiche diverse. La
qualità sonora del vinile è eccellente, per questo onore e merito
alle ristampe Bethlehem Records. *(Charles Mingus - «The Jazz Experiments of Charles Mingus», 1956).*

L'INQUIETUDINE COME FORMA D'ARTE

Basterebbero poche righe riportate nell'autobiografia di Charles Mingus «Beneath The Underdog», in italiano con il titolo «Peggio di un bastardo», per comprendere quanto complessa, contraddittoria, proteiforme ed instabile sia stata la personalità di un artista dai tratti sfuggenti, che ha rappresentato il tramite perfetto tra l'estetica del bop e quella del jazz d'avanguardia, ma che per contro sfugge ad ogni catalogazione tout court da parte di critici, musicologi e compilatori di storie della musica. *«Quel che è peggio - diceva il bassista - è che i critici prendono un tizio che suona solo in chiave di Do e lo chiamano genio, quando dovrebbero dire che quel tale è solo una puttana in Do naturale. La musica pop-rock è ancora un'altra storia. Persino le strutture delle melodie vengono rubate. La musica che ho sentito dagli ultimi gruppi (molti dei quali sono inglesi) sembra derivare da un misto di diversi compositori americani e di musica afro-americana».*

La relazione di Mingus con il jazz fu intensa ed emotivamente devastante, come quella che ebbe con le sue donne, un rapporto costantemente messo a dura prova dagli eccessi di un uomo che amava senza mezzi termini. Il suo amore per la musica lo trascinò in un mondo dai confini labili e sfumati, che si rifletteva in molte sue composizioni, nelle quali il jazz e l'arte costituirono delle ossessioni pure e pericolose al limite della follia.

Nessuno meglio di lui ha saputo dare una definizione di Charles Mingus: *«In altre parole io sono tre. Un uomo sta sempre in mezzo, indifferente, immobile, guardando, aspettando che gli venga concesso di esprimere quello che vede degli altri due. Il secondo uomo è come un animale spaventato che attacca per paura di essere attaccato. Poi c'è una persona molto gentile che permette alla gente di entrare nel tempio più riposto del suo essere, e lui si prenderà gli*

29

insulti, si fiderà e firmerà contratti senza leggerli, e sarà ridotto al silenzio lavorando per poco o per nulla, e quando si accorgerà di cosa gli è accaduto si sentirà di uccidere e distruggere ogni cosa attorno a lui e lui stesso per essere stato così stupido».

L'esistenza di Charles Mingus non è stata facile, o tutta rose e fiori come si dice banalmente. Ad esempio, attraversando in lungo ed in largo la sua discografia, si scorge tutta la sofferenza dell'uomo concentrato al raggiungimento dei propri obbiettivi musicali.

Momenti bui, lunghi periodi di aridità creativa durante i quali il contrabbassista lavora occasionalmente come fotografo o *light designer,* andando in giro per New York in bicicletta a causa della cronica indisponibilità di danaro. Gli esordi furono complicati, quando il giovane musicista per sbarcare il lunario prestava servizio in un ufficio postale; la breve collaborazione con Charlie Parker, il quale non gli pagò il compenso per le sue prestazioni, tanto da essere costretto a ritornare a casa in treno e con le pive nel sacco, grazie ad un biglietto offertogli spontaneamente dal manager del sassofonista.

Difficile il rapporto di Mingus con i colleghi, sempre al limite della polemica, come rivela questa lettera indirizzata a Miles Davis, il quale non era sicuramente uno stinco di santo e non risparmiava critiche all'indirizzo di chicchessia.

La missiva del contrabbassista lascia trapelare non poca irritazione: *«Non ritengo come te che la mia musica sia pensata solo per battere i piedi e far muovere il fondoschiena. Quando e se mi sento allegro e spensierato, scrivo o suono in quel modo. Quando mi sento arrabbiato scrivo o suono in quel modo, o quando sono felice, o addirittura depresso. Solo perché suono jazz dovrei dimenticarmi di me stesso. Suono o scrivo, come mi sento, attraverso il jazz o qualsiasi altra cosa.*

La musica è, o era, il linguaggio delle emozioni. Se qualcuno si è allontanato dalla realtà, non mi aspetto che ami la mia musica, e inizierei a preoccuparmi per ciò che faccio se dovessi davvero piacere ad una persona del genere. La mia musica è viva e parla d ei vivi e dei morti, del bene e del male. Sono arrabbiato, eppure sono reale perché so di essere arrabbiato come la mia musica».

Mingus è stato musicista anticonformista, costantemente moderno, innovativo ed anticipatore dei cambiamenti, uomo dal carattere ruvido e dall'umore mutevole, capace di alternare momenti di infantile entusiasmo ad incontenibili eruzioni di furia e violenza; aveva l'ossessione per gli atteggiamenti razzistici nei suoi confronti, sia da parte dei bianchi che dei neri, a causa delle sue origini meticce. Tutto ciò, nel corso degli anni, lo spinse a sviluppare una personalità spigolosa e reattiva, soprattutto insofferente ad ogni sopruso.

Il contrabbassista di Nogales fu uno dei primi ad iniettare nelle vene delle proprie composizioni elementi di protesta politica e rivendicazione sociale. Il suo temperamento volitivo, a volte prepotente per reazione e per compenso, lo portò a manifestare sempre un atteggiamento da primattore. Considerato da alcuni autorevoli studiosi come una sorta di moderno Duke Ellington, Mingus fu la rappresentazione vivente dell'incatalogabilità.

L'esperienza ellingtoniana nella sua opera è presente non in termini di modello imitativo, ma come eredità culturale, quale momento formativo imprescindibile, in particolare come summa di tutta l'esperienza musicale precedente e quale punto di raccordo che lega tradizione ed avanguardia.

Quando si parla di Charles Mingus, non bisogna immaginare l'improvvisazione come poteva essere per John Coltrane o Charlie Parker, o come la concepivano Sonny Rollins o Miles Davis, ma come una digressione controllata, rispetto ad un costrutto concettuale coerente. Con Mingus era quasi sempre tutto scritto nero su bianco. Per quanto gli arrangiamenti fossero sempre a maglie larghe, sicuramente doveva essere tutto tracciabile ed i musicisti dovevano sudare sette camicie per entrare in parte, anche se il margine di manovra libera era ampiamente consentito. A ciò si aggiunga il carattere per nulla facile, spigoloso ed irritante del bassista-leader, un po' da padre-padrone, insofferente ad ogni forma di distrazione o di disturbo.

Convinto che la musica registrata in studio dovesse avere la stessa

31

vitalità e freschezza di quella registrata dal vivo; per un certo periodo si ritirò dalle scene, perché non sopportava più di dover suonare
nei locali, dove la gente si distraeva, si muoveva, vociava, soprattutto il rumore di bicchieri e bottiglie lo irritava all'inverosimile, lo considerava un affronto alla sua arte. Inveiva violentemente contro i
proprietari dei locali dove suonava, se nel cartellone facevano
stampare Charlie Mingus e non Charles. Consentiva di essere chiamato Charlie solo agli amici, ma voleva che il pubblico lo conoscesse come Charles Mingus. Una volta al Village Vanguard sfondò una
porta su cui era attaccata una locandina senza la scritta Jazz Workshop con l'aggravante del suo nome riportato come Charlie Mingus.

L'unico che sia riuscito a sopportarlo ed a conviverci ininterrotta-
mente e senza soluzione di continuità fu il fedele Dannie Richmond. È così che il batterista ne parla con Max Gordon.

Nel racconto cerca a di chiarire anche il rapporto di Mingus con le
donne e la sua fisicità: «*Non è stato sempre facile, Charlie era un
donnaiolo. Era un bell'uomo prima di ingrassare fino a raggiungere
il bel peso di centotrentacinque chili. Quando se la vedeva brutta,
accettava di fare anche il fotomodello. Ho anche visto foto di Charlie seminudo con intorno tre puttanelle ancora meno vestite che gli
sorridevano estasiate, in qualche rivista porno. Aveva sempre una
donna appresso che gli faceva le commissioni. Ne ha sposate quattro, credo quattro. Alcune le manteneva, altre mantenevano lui.
Non domandarmi in che modo. I primi anni, quando dovevamo accettare qualsiasi tipo di ingaggio, anche il più miserabile, per tirare
avanti, era sempre utile avere appresso qualcuna che portasse a
casa un po' di dollari.*

*Una notte stavamo chiudendo la serata al Black Hawk, un night-
club con attrazioni erotiche nel quartiere più malfamato di San
Francisco. Charlie stava chiacchierando con una delle ragazze che
bazzicavano il locale. A un certo punto arrivò il protettore di lei,
vide Charlie con la sua donna e non gli piacque: non voleva che dei
fottuti suonatori cacciassero nel suo territorio. Corsero subito parole grosse. Charlie non perse tempo. Sferrò un diretto. Il protettore*

tirò fuori una pistola e si mise ad armeggiare maldestramente con quell'arnese, mentre Charlie seguitava a colpirlo. Alla fine quel mascalzone cadde lungo disteso, e Charlie lo prese a calci finché non perse i sensi.

A Charlie si gonfiò il piede, al punto che toccò a me guidare per tutta la strada del ritorno a New York (...) No, amico, Charlie non era un magnaccia. Era un donnaiolo, come ho detto. E trovava comodo avere intorno una donna che nei tempi di magra potesse portare a casa qualche dollaro. Capisci la differenza?»

Dannie Richmond era molto affezionato a Mingus ed in qualche modo cercava di ridimesionare talune dicerie sul suo conto. In fondo a suo dire agiva sempre per necessita ed erano solo peccati veniali. Richmond aveva iniziato a studiare il sassofono tenore all'età di tredici anni. Dopo alcune esperienze in alcuni gruppi R&B locali, la sua carriera ebbe una svolta decisiva quando, poco più che ventenne, scelse di suonare la batteria, dando vita a quella che sarebbe diventata una delle più solide collaborazioni della storia del jazz. Il soldalizio con Charles Mingus durò circa di 21 anni. Brian Priestley scrive che «*Dannie divenne per contrabbassista l'equivalente di Harry Carney per l'orchestra di Duke Ellington, un indispensabile ingrediente per il sound di Mingus ed un suo intimo amico*».

Richmond racconta: «*Una volta lo vidi montare su una bilancia pesapersone. Dovevamo prendere un aereo per Londra dove avevamo avuto una scrittura. Pesava centotrentanove chili. Non voleva crederci. Ma se sei capace di mangiarti due chili di gelato dopo ogni pasto! gli dissi*». «*Bisogna che faccia qualcosa*», disse lui. *Due settimane dopo, al ritorno da Londra, Charlie entrò nella fattoria della salute di Dick Gregory.*

L'ex attore e sua moglie l'avevano aperta da qualche parte nel Massachusetts. Dick usava un sistema piuttosto rigido per far dimagrire i pazienti: un succo di frutta la mattina e una fettina di carne magra la sera. In quel modo li faceva calare di peso di circa un chilo al giorno garantito. In un mese, una trentina di chili.

Charlie ci resistette per una settimana. Poi lesse che Rahsaan Roland Kirk doveva suonare in un locale di Boston. Allora disse a Dick che quella sera sarebbe andato in macchina a Boston, avrebbe ascoltato il concerto di Rahsaan e sarebbe rientrato la mattina dopo. Proprio a fianco del locale dove suonava Rahsaan c'era un ristorante cinese. Charlie lo vide e, dopo un attimo di esitazione, entrò. Ci resto una settimana. Voglio dire che tornò alla fattoria di Dick solo sette giorni dopo».

È convinzione diffusa che il pitecantropo, dal greco πίθηκος «scimmia», e ἄνθρωπος «uomo», sia una forma intermediaria fra le scimmie superiori (antropomorfi) e l'uomo, ma in realtà prevale l'opinione che si tratti di un vero e proprio «ominide», tanto da rappresentare una forma di evoluzione verso la specie umana definitiva. In «Pithecanthropus Erectus», album dal titolo emblematico, Charles Mingus interpreta il jazz in forma evolutiva, cogliendo appieno quella sorta di *mutatis mutandis* che da sempre lo contraddistingue. Un disco visionario, innovativo nella sintassi e nel linguaggio, sicuramente uno dei suoi capolavori, dove il contrabbassista si afferma come un demiurgo dalla fantasia sconfinata, il quale con voce potente traghetta, ambiziosamente, il jazz verso territori moderni, pur rimanendo saldamente radicato nella tradizione. «Pithecanthropus Erectus» non è il cambiamento definitivo e compiuto, ma è un preludio ai tempi che stavano già mutando.

Dopo aver padroneggiato il vocabolario del bop e dello swing, il musicista dell'Arizona aveva iniziato a scandagliare nuove profondità sonore, al fine di aumentare il potere evocativo della sua forma d'arte, portando i musicisti coinvolti nel set, il contraltista Jackie McLean, il pianista Mal Waldron, il tenorista J.R. Monterose ed il batterista Willie Jones, ad operare al di fuori degli schemi convenzionali. Per la prima volta Mingus adatta gli arrangiamenti alle personalità dei suoi sidemen, insegnando loro i pezzi ad orecchio, anziché scrivere le partiture. Pertanto «Pithecanthropus Erectus» assomiglia a certi dipinti ridondanti di sontuosi colori, eccessivi nelle tonalità, ma anche ad una fitta trama ricca di dettagli sonori che solo un avventuroso modernista avrebbe potuto intrecciare. Mingus si comporta come un precursore, il quale procede libero e sospinto da quella sorta di cruda passione, frutto di un lampo di genio, che

34

lo induce ad annusare con largo anticipo gli stravolgimenti musicali del decennio a venire, fatto di contestazioni e di cambiamenti culturali. Siamo nel 1956 ed il concetto di free-jazz è ancora lungi da venire, ma «Pithecanthropus Erectus» ne contiene in nuce tutti i prodromi. La title-track è uno dei momenti più riusciti dell'intera carriera del contrabbassista, un poema in quattro movimenti che rappresenta un'evoluzione quasi darwiniana dell'essere umano che passa dall'orgoglio della sua razza di primate, che contiene e piega a suo vantaggio le insidie della natura, ergendosi sulle altre specie e realizzando il proprio dominio, dall'avvento dell'arroganza alla dipendenza dal potere, fino ad una sorta di auto-distruzione finale. Il pezzo è tenuto insieme da un tema ossessivo, ripetuto e spezzato da intermezzi frenetici, ricchi di effettistica, che diventano progressivamente più torvi man mano che lo spirito dell'uomo sprofonda più in basso. La trama sonora, a primo impatto, risulta non facile da metabolizzare, ma il costrutto ribolle di un'intensità emotiva cupa e profonda che deriva dalla straordinaria attenzione del contrabbassista per l'umore e lo stato d'animo dei musicisti, piuttosto che dalla semplice esecuzione o dalla tecnica espressa attraverso gli strumenti.

Parliamo di un album calato in una dimensione quasi reale, fatto di carne e sangue, dove i percorsi e le traiettorie laterali di Mingus e compagni in «A Foggy Day (In San Francisco)», rilettura di un classico di George Gershwin, attraverso numerosi effetti sonori, offrono uno scenario altamente visivo della città californiana, completo di auto che suonano il clacson, carrelli che tintinnano, sirene, fischietti della polizia, cambi di marcia e frenate che sfrigolano sull'asfalto bollente. «Profile of Jackie» è una perforante «ballata», innestata su una progressione di pianoforte dagli accenti classicheggianti e ricamata da una delicata punteggiatura a base di sassofoni che si alternano per filo e per segno. Nei quattordici minuti di «Love Chant», un potente brano dall'afflato soulful e dall'anima gospel, la band si apre alla narrazione ideale dei patimenti degli schiavi neri nelle piantagioni. Le discriminazioni razziali sono raccontate attraverso un crescendo di veementi contrasti sonori asincroni e dissonanti che precedono le avanguardie e tracciano con largo anticipo quella «forma del jazz che verrà». Registrato il 30 gennaio del 1965 all'Audio-Video Studio di New York, «Pithecanthropus Erectus» è un album anticipatore, quasi un vaticinio, come tutte le pietre miliari della lunga discografia di Mingus. *(The Charles Mingus Jazz WorkShop - «Pithecanthropus Erectus», 1956).*

Nell'ambito del jazz esiste un dato di fatto inconfutabile: alcuni dischi ottengono periodicamente l'attenzione di tutti. Appassionati ed addetti ai lavori amano riempirsi le fauci e divorare a quattro ganasce quelli che comunemente vengono indicati come capolavori tipo «Kind of Blue» di Miles Davis, «A Love Supreme» di John Coltrane, da questi album ognuno riceve facilmente il cosiddetto «trasferimento della sensazione» e trova improvvisi lampi d'ispirazione per intavolare discussioni interminabili come una tela di Penelope. Ciò crea un disturbo a quella che potrebbe essere la reale comprensione dei fenomeni: procedendo per «salti quantici» si perde non solo il filo della continuità che lega ogni artista ad una sorta di continuum evolutivo, ma si acquisisce una visione parziale ed edulcorata di taluni fenomeni.

Nel caso di Mingus, in tanti appaiono propensi ad innalzare dei peana, come è giusto che sia, ad alcune perle della sua discografia quali «Pithecanthropus Erectus», «Blues & Roots», «The Black Saint And The Sinner Lady», lasciando cadere nel dimenticatoio altri album che hanno pari dignità di essere ricordati e che meriterebbero maggiore attenzione. «The Clown» è uno di questi. Registrato nel 1957 si sostanzia attraverso alcuni classici mingusiani: «Haitian Fight Song» e «Reincarnation of a Lovebird», in una versione ancora in fieri. Parliamo di uno dei dischi che meglio rappresentano la complessa personalità di Charles Mingus. Mi viene in mente il concetto riportato in una canzone di Renato Zero, originariamente destinata a Gabriella Ferri, ed intitolata «Il Carrozzone». Una perfetta descrizione dello spettacolo della vita, tra riso e pianto, tra gioia e dolore, dove l'arte non placa le sofferenze dell'animo umano, ma le esalta e le acuisce. «Il carrozzone va avanti da sé con le regine, i suoi fanti, i suoi re. Ridi buffone per scaramanzia, così la morte va via (...) Bella la vita, dicevi tu, e t'ha imbrogliato e t'ha fottuto, proprio tu!!! Con le regine, con i suoi re, il carrozzone va avanti da sé».

«The Clown» è una sorta di capolavoro «minore», il follow-up di «Pithecanthropus Erectus» in cui Charles Mingus, pur incrementando il già intenso impegno emotivo, attraverso un misto di malcelata rabbia e frustrazione, non riesce ad ottenere la quadratura del precedente. Ma parliamo di dettagli e sfumature. Il contrabbassista sfrutta ancora l'innato dono di concepire arrangiamenti che, per quanto ermetici e mirati, consentano ai sodali piena libertà di manovra.

«The Clown» affina e accresce questo dono. Il contrabbassista cambia ensemble con l'intento di ottenere uno specifico umore per ogni pezzo: invece di stabilire un tracciato che fornisse dei punti di lancio per gli assoli, cercò di ottenere dai musicisti, Dannie Richmond alla batteria, Jimmy Knepper al trombone, Shafi Hadi al sassofono contralto e tenore e Wade Legge al piano, qualcosa di unico, traccia per traccia. Persino le sue incursioni appaiono più libere e fortemente narrative.

La devozione di Mingus sia al bop che al blues è notoria: diffidente nei confronti delle avanguardie, la sua musica è stata una faticosa esplorazione dei moduli tradizionali, ma riproposti al mondo degli uomini con ricca inventiva ed intensa creatività. «The Clown» non è un disco rivoluzionario, ma è radicalmente innovativo rispetto alle regole d'ingaggio del momento. Piuttosto che fare affidamento sulla solita melodia di testa seguita da assoli, i brani presentano arrangiamenti modulari essendo composti da più sezioni in cui il metro, il tempo e l'umore possono mutare interamente spostandosi da una sezione all'altra. «Reincarnation of a Lovebird», dal vago sapore anni '40, è la dimostrazione lampante che colui il quale ama la storia non sia necessariamente condannato a ripeterla.

Il collage di apertura di frasi bop e «dotte» citazioni possiede le stimmate della contemporaneità, mentre i vertiginosi voli di contralto di Hadi risuonano della facile grazia di Bird. Mingus e Richmond distillano un lubrificante swing ingrassato di blues, mentre triturano gli elementi nella forma e nella sostanza con la precisione di una tagliente lama, capace di adombrare la maggior parte delle sezioni ritmiche di quel periodo. «Haitian Fight Song», come da tipico copione, si apre con la dichiarazione del tema da parte del basso, quindi procede in una veloce prolusione di riff botta e risposta, attraverso un insistente interplay ritmico che mantiene l'ascoltatore e l'esecutore sulle spine.

Lo stesso Mingus inizia a cercare maggiormente i riflettori come solista, proprio nelle sezioni non accompagnate di «Haitian Fight Song». «Blue Cee» potrebbe essere il momento clou dell'album: è una traccia divertente, eccezionalmente in disaccordo con il classico umore di Mingus, chiamato «*Angry Man of Jazz*»; nessun intellettualismo o concetto filosofico, solo una buona colonna vertebrale melodica, un pizzico di spavalderia nei riff ed una costante improvvisazione mai distonica o stridente.

La title-track, «The Clown», è un esperimento a base di parole declamate attraverso una narrativa tragicomica dal poeta Jean Shepherd. Ci sono ovvi paralleli tra l'amarezza del jazzman e quella del clown sulla scena per via di un pubblico insensibile e meschino. Un pezzo concettuale di dodici minuti in cui un povero clown si rende conto che l'unica cosa di cui la gente ride sia la sfortuna. La storia finisce con il palco che gli crolla addosso e mentre muore ascolta la folla che si gode la sua fine scemando lentamente dal teatro. Musicalmente la traccia diventa ancora più interessante grazie alle libere improvvisazioni del trombonista Jimmy Knepper che dipinge lo sfondo sonoro più adatto alla storia di Shepherd, segno che la tavolozza compositiva di Mingus stava diventando più moderna, con un uso crescente della dissonanza e rapidi cambi di tempo.

Un'altra tecnica classica di Mingus, stile Ellington, è la scelta di progressioni di accordi in tonalità minore tipiche del jazz-noir presente nei film polizieschi in bianco e nero. Il contrabbassista evita accuratamente di riciclare le idee di «Pithecanthropus Erectus» creando un clone inferiore per qualità, e lo fa trovando il grimaldello giusto per esprimere i suoi sentimenti su questioni inerenti la sofferenza e l'ingiustizia.

Tutti i brani si completano quasi per magia sviluppando un'atmosfera che richiama e combina il primitivo jazz, le musiche da circo e cabaret in una dimensione avant-garde alla Nino Rota o alla Kurt Weill, l'atmosfera del teatro, le colonne sonore del crimine, il linguaggio del blues ed esperimenti di avanguardia *borderline*. La prima versione di «The Clown», pubblicata nell'autunno del 1957, comprendeva solo quattro composizioni di Mingus registrate negli studi Atlantic in due sedute separate, nel febbraio e nel marzo del 1957, con la produzione di Nesuhi Ertegun.

In seguito nell'edizione de-luxe furono inserite altre due tracce: «Passions of A Woman Loved» e «Tonight at Noon». In quell'anno il jazz d'avanguardia era dietro l'angolo e molti artisti mostravano segni di irrequietezza alla ricerca di nuove strade da battere, così il geniale contrabbassista ebbe il desiderio impellente e l'urgenza di fare qualcosa di insolito: con «The Clown» ci riuscì perfettamente. *(Charles Mingus - «The Clown», 1957).*

Raramente un musicista ha saputo esprimere con tanta schiettezza una gamma così vasta di pulsioni, dalla furia alla felicità, dal desiderio alla tristezza; ancora più raramente una tavolozza di emozioni di tale varietà è stata guidata dal senso architettonico e organizzativo che riconosciamo a questo autore.

«East Coasting», registrato nell'agosto 1957, è una session di Mingus poco trattata dalle cronache del jazz, ma si basa su cinque magistrali componimenti originali del bassista con l'aggiunta dello standard «Memories Of You». La qualità dell'insieme, sostenuta da ottimi arrangiamenti, dovrebbe portare il disco ad una rivalutazione storica e ad un meritato riconoscimento.

Charles Mingus scese in campo accompagnato dai sodali dell'epoca: il trombonista Jimmy Knepper, il trombettista Clarence Shaw, Shafi Hadi al tenore e contralto, il batterista Dannie Richmond ed uno sconosciuto pianista, tale Bill Evans, che suona in maniera più asciutta, aggressiva e veloce, rispetto a quanto farà in futuro. L'album, dal tono intensamente lirico, si spinge oltre i confini del bop, senza però mai debordare nel prevedibile, attraverso un'esecuzione estremamente stimolante; forse una risposta all'imperante «West Coasting Style» di quegli anni. Tutti le tracce risultano sor-

prendentemente accessibili e fortemente melodiche e sono lonta-
ne da certi sperimentalismi che invece a tanti neofiti o detrattori
del contrabbassista potrebbero apparire più astratti. Fra tutti spicca
«West Coast Ghost», che da solo vale l'intero costo del viaggio ed è
già un'opera mingusiana finita; addirittura avrebbe potuto essere la
base per un successivo album: undici minuti d'ispirazione funky,
suonati con decisione da tutto l'organico con forte senso della collegialità ed una sintonia quasi telepatica, tanto da riportare alla
mente la forma espressiva di molti brani presenti nell'album «Blues
And Roots».

La bellezza di «East Coasting» è inversamente proporzionale alla
sua scarsa nomea. In tema di viaggi di fantasia, e metafora per metafora, questo album potrebbe diventare un viaggio-premio per
chiunque decida di aggiungerlo alla propria collezione. *(Charles
Mingus - «East Coasting», 1957).*

Charles Mingus possedeva una naturale inclinazione per gli ensemble
compositi, ma anche quando operava con un combo ristretto tentava
di ricreare l'atmosfera di una big band. Ascoltarlo dunque nel formato
trio, stimola suggestioni del tutto inedite. Il 1957 era stato un anno
piuttosto produttivo per il contrabbassista di Nogales, che aveva distillato tre opere ambiziose: «The Clown», «East Coasting» e «Duke's
Choice»; al contrario la performance a tre con Hampton Hawes al piano e Dannie Richmond alla batteria fu poco più che una jam-session. Il
titolo «Trio» è alquanto scontato, esistono anche delle edizioni con
una denominazione, altrettanto didascalica, ossia «Three», ma procedendo nell'ascolto ci si accorge che il drago a tre teste sputa fuoco
creativo con estrema destrezza, tra vampate di blues ed hard bop
emanate con grinta e finezza al contempo.

In apparenza sembrerebbe più un album di Hawes che di Mingus, ma
in realtà la quantità di assoli di basso è tale da garantire una titolarità
morale condivisa con il pianista, sebbene la fama di Mingus era tale,
che l'album, in definitiva, venne attribuito a lui. La relazione tra i due
presunti co-leader è un case-study in riferimento alle dinamiche di
gruppo, soprattutto quando il rispetto tra due individualità volitive si
trasforma in un compromesso razionale e produttivo.

Il batterista Dannie Richmond, più che un sostegno ritmico, diventa un perfetto mediatore in grado di trascinare questa insolita triade verso un'unità compatta, raffreddando i bollori delle due primedonne con il suo modo di suonare fermo ed ostinato. Il triunvirato si dimena attraverso quattro standard, due componimenti originali di Mingus ed uno di Hawes, tanto che «Trio» finisce per sostanziarsi in un perfetto esempio di hard bop per pianoforte tipico della fine degli anni '50, che sconfina nel soul-jazz di gran classe con la capacità di irretire i seguaci di Hawes ed incuriosire, contemporaneamente, i sostenitori di Mingus.

Per quanto complessa possa essere la musica del contrabbassista, risulta assai interessante ascoltarla in un'area più semplificata. Dei due originali di Mingus, «Back Home Blues» è un blues diretto e lineare mentre «Dizzy Moods» presenta alcuni cambiamenti ritmici che il Nostro aveva sperimentato in precedenza: le sue trame sono più profonde e consentono ai colori più scuri di emergere. «Hamp's New Blues» di Hawes, che potrebbe essere stato solo il frutto di una jam di gruppo, finisce per diventare uno dei tratti salienti dell'album. Tutti gli standard sono trattati con inventiva: in primo piano il ritmo latineggiante di Dannie Richmond che rinverdisce la classica «Summertime», a volte logora, facendone una mutevole creatura eternamente giovane.

Rinvigorite anche «Yesterday's» e «I Can't Get Started». Dopo un'abbuffata di sangue blues pompato a discreta velocità, l'album si chiude con «Laura», una ballata in odore di «Tea for Two», magnificata dal piano di Hawes e dalla robusta montatura sonora di Mingus, che sembrerebbe quasi possedere questa immaginaria donna. Circa sei anni dopo, il contrabbassista registrerà «Money Jungle», di nuovo in trio, con Duke Ellington e Max Roach: quindi ex-post e per molti versi «Trio» potrebbe essere considerato una specie di preludio a quella combinazione di giganti del jazz, pur rimanendo il formato meno congeniale e praticato da Mingus. Storicamente Mingus aveva suonato in trio all'inizio della sua carriera con il pianista Spaulding Givens e Max Roach (nella stessa sessione, per la sua etichetta Debut, anche in duo piano e basso); nonché in un'altra occasione, come semplice accompagnatore, insieme a Paul Bley e Art Blakey nell'album «Introducing Paul Bley», sempre per la Debut. *(Charles Mingus -*

«Trio», 1957).

Nel 1957 Edgard Varèse, compositore francese di origini italiane, condusse una serie di sessioni di improvvisazione al Greenwich Village con musicisti jazz che includevano Charles Mingus, Art Farmer, Don Butterfield, Teo Macero e Ed Shaughnessy. Varèse era sempre stato un artista innovativo e trasversale, interessato alle relazioni di scambio interculturale e alle reazioni di osmosi fra vari linguaggi musicali, attraverso una ricerca sociologica, razziale e mediatica dei fenomeni. Pochi studiosi hanno raccontato questo episodio, che tendeva a sottolineare una lacuna incolmabile ed un'ampia frattura culturale, nonché razziale, tra le avanguardie musicali jazz e non-jazz. Contro questa tendenza Edgard Varèse tentò di individuare una nuova visuale ed una differente chiave di lettura del problema attraverso l'idea di «terzo spazio» più che di «terza via», grazie alle sessioni che si svilupparono sotto forma di scambio disordinato e fugace caratterizzato da curiosità reciproca e segnali incrociati.

In una metropoli come New York l'interscambio tra Edgard Varèse, Charles Mingus ed altri musicisti di jazz e non solo, di colore e multi-etnia, intendeva sottolineare anche le differenze di razza, formazione, cittadinanza e background, che producevano notevoli ricadute sulla musica nel periodo di massima ascendenza culturale americana del dopoguerra e di formazione del canone nazionale in cui il jazz costituiva un elemento determinante. Tali differenze mettevano in primo piano incroci culturali ambivalenti, non sempre conciliabili e transitori che si svolgevano in un campo di potere diseguale ed asimmetrico.

IL SUONO DELLA METROPOLI CONTRO IL JAZZ DELLE PALUDI

Per molti appassionati il termine «jazz delle paludi» potrebbe apparire come una definizione surreale, in verità si tratta di una descrizione, o invenzione giornalistica, usata nella seconda metà degli anni '50, che identificava una certa tipologia di musica molto vicina al jazz della West Coast, ma di provenienza sudista e con una spiccata tendenza alla sperimentazione, un concept sonoro molto più «bianco» ed in netto contrasto con la tradizione afro-americana dilagante in quel periodo. Max Gordon, nel suo libro di memorie dedicato al Vanguard Village, parlando con Dannie Richmond, racconta l'impatto di Mingus con questa fenomenologia musicale.

«Ricordo la prima volta che tu e Charlie siete venuti a suonare al Vanguard, nel 1958» (...) «C'era il trio di Jimmy Giuffre, e Charlie venne a sentirlo. Jimmy, ottimo sax tenore e grande innovatore del jazz, stava sperimentando quello che chiamava jazz delle paludi. Attirava nel locale un pubblico scarso, ma molto attento e partecipe. Che cosa fosse il jazz delle paludi, non chiederlo a me. Jimmy aveva scritto 'The Four Brothers', un famoso brano per l'orchestra di Woody Herman, nel periodo in cui Stan Getz faceva parte di quella banda di scatenati, e disse addio a quel jazz schietto per sondare i misteri del jazz delle paludi. Jimmy veniva dalla Louisiana e aveva distillato qualche stravagante idea musicale dalle paludi di quelle parti per offrirle all'avanguardia del jazz al Village Vanguard di New York.

Dopo aver ascoltato per mezz'ora il jazz delle paludi di Jimmy, Mingus mi disse: domenica prossima ti porto la mia band, così potrai sentire un po' di jazz. La domenica dopo arrivò Charlie con il suo quintetto. Tu eri alla batteria» (...) «Io presentai Mingus, e lui guardò il rado pubblico di appassionati del jazz delle paludi che gli stava seduto davanti, sbuffò, diede l'attacco e si scatenò nel primo nume-

43

ro. Il volume, l'intensità, l'energia di quella musica mi mozzarono il fiato. Non avevo mai sentito Mingus prima di allora. Quando venne il momento del secondo set, Giuffre propose di aspettare, in modo da dare al locale il tempo di calmarsi un poco, prima di tornare alle sue composizioni sperimentali di jazz delle paludi. La settimana dopo salutai Jimmy e presi Mingus. Del jazz delle paludi non ho più sentito parlare: Mingus l'aveva spazzato via».

«Si, Charlie non riusciva a sopportare il jazz delle paludi» confermò Dannie. «E non sopportava nemmeno le sperimentazioni del free jazz di quel periodo. Non è jazz! protestava. Non c'è bisogno di essere dei musicisti per suonare quella spazzatura. Anche i cani sarebbero capaci di suonarla. Charlie lesse che dei critici lo chiamavano la musica del futuro. Ma non ha futuro, sosteneva, e non ce l'ha perché è un genere di musica che non va da nessuna parte».

«Amico mio, a Charlie non andavano giù nemmeno i critici specializzati nel jazz» raccontò Dannie. «Come non gli andavano gli organizzatori di manifestazioni jazzistiche, i produttori di dischi, i manager di tutte le specie. E non gli andavano giù nemmeno i proprietari dei locali dove si faceva jazz».

Charles Mingus ha realizzato dozzine di album ed alcuni di questi sono indiscutibili; «Mingus Ah Um» contiene, però, qualcosa di unico: assoli che possono essere citati a memoria, non solo da chi il jazz lo suona, ma anche da chi lo coltiva come passione. Il tutto fu registrato da Teo Macero in due giorni, il 5 e il 12 maggio 1959. Questo fu il primo disco dell'eclettico contrabbassista per la Columbia. Per non smentirsi Mingus volle giocare sull'imprevedibilità, invece di chiamare un gruppo di consumati turnisti, riunì una giovane band legata al progetto «Jazz Workshop».

Il debutto per la Columbia fu una straordinaria sintesi del talento compositivo ed organizzativo del bassista ed è, a tutt'oggi, un punto di riferimento per i principianti ed i neofiti del jazz: scivola via facilmente e le melodie s'inchiodano nelle meningi per non andare più via. Anche se «The Black Saint and The Sinner Lady» potrebbe essere il suo lavoro più quadro e più riuscito in generale, non possiede però l'accessibilità immediata di «Ah Um», ricco di melodie individuali e di gruppo, brillantemente scolpite. Le composizioni e gli arrangiamenti di Mingus erano sempre estremamente focalizzati, precisi e regolari, recintando la spontaneità individuale a vantaggio della coerenza di umore collettivo e del gioco di squadra. Questo approccio raggiunge il climax proprio in «Mingus Ah Um». La band include giovani seguaci del contrabbassista, già esperti conoscitori della sua musica, come i sassofonisti John Handy, Shafi Hadi e Booker Ervin, i trombonisti Jimmy Knepper e Willie Dennis, il pianista Horace Parlan ed il batterista Dannie Richmond. Le loro nitidissime prestazioni legano perfettamente insieme quella che potrebbe essere la più riuscita e consequenziale serie di composizioni mingusiane.

Almeno tre brani dell'album sono diventati classici istantanei, a partire dall'irresistibile «Better Git It in Your Soul», per anni sigla e contrassegno saliente di uno dei programmi Jazz della RAI, eseguito su un difficile 6/8 e punteggiato da gioiosi inserti. «Goodbye Pork Pie Hat» è un'elegia lenta e aggraziata, un blues non catalogabile, dedicato a Lester Young, morto poco prima delle sedute di registrazione. Il «pork pie hat» era il suo cappello; i cultori del jazz ricordano anche la splendida versione di Joni Mitchell, accompagnata da buona parte dei Weather Report.

«Fables of Faubus», uno dei momenti più riusciti dell'album, si fonda su un campionario di swing dall'andamento sbilenco, che ruotano intorno ad una ritmica quasi raddoppiata; il brano, nella versione con l'inciso recitato, è una pungente e corrosiva presa in giro del governatore dell'Arkansas, il segregazionista Orval Faubus, rappresentato musicalmente come un buffo clown da vaudeville (i testi, feroci ed esilaranti, censurati dal dipartimento legale della Columbia, possono essere ascoltati nell'album «Charles Mingus Presents Charles Mingus»; ne esiste una versione anche con il titolo «Fables of Nixon». «Boogie Stop Shuffle» è uno swing aggressivo e nevrotico con «sfiatamenti» funkeggianti ed assoli che ritornano sempre sullo stesso tema.

L'intero disco è puntellato da tributi ai personaggi venerati da Mingus e più influenti sulla sua musica: «Open Letter to Duke» è ispirato a Duke Ellington e «Jelly Roll» è un riferimento al compositore Jelly Roll Morton; «Pussy Cat Duets» è un brano dall'andamento blues della durata di oltre 9 minuti, dove la band al completo dà il meglio di sé: c'è davvero spazio per tutti. Il pezzo più ambiguo è quello che apre la B-side del disco, nel senso che il titolo «Bird Calls» e perfino l'andamento rigorosamente bop, farebbero pensare a Charlie Parker, ma Mingus smentì dicendo che era solo un tentativo d'imitazione del canto degli uccelli. Del resto, la musica di Mingus possiede delle componenti onomatopeiche: a volte sembra che certi suoni vogliano riprodurre ciò che esiste in natura. Il tributo o riferimento indiretto a Charlie Parker sarebbe stato intimidatorio per qualsiasi altro line-up.

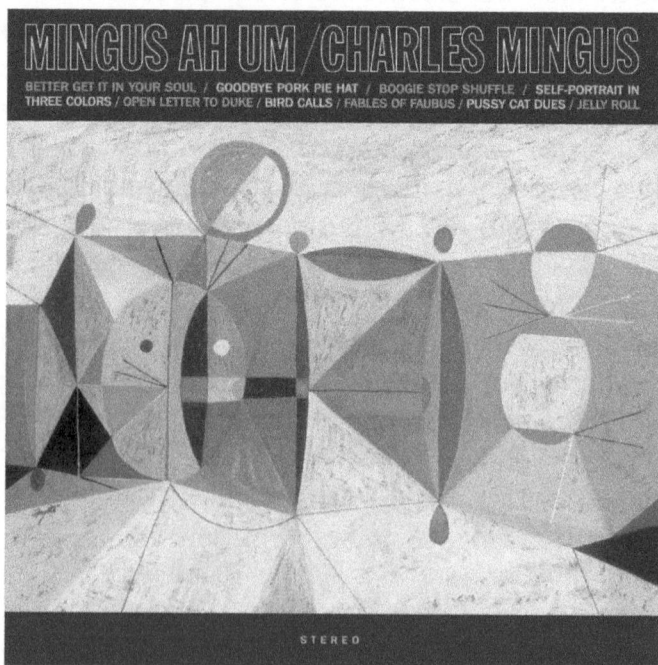

Ecco perché questo disco è basilare, diventando negli anni un paradigma ispirativo per molti album pubblicati successivamente. Certo, è impossibile indicare quale tra quelli del contrabbassista possa essere il disco per antonomasia, ma «Mingus Ah Um» potrebbe essere il più vicino a questa definizione. Confrontato con «Kind of Blue» di Miles Davis, pubblicato lo stesso anno e realizzato con una formazione di pezzi da novanta, in «Mingus Ah Um» il trasporto emotivo e l'impegno profuso dalla giovane band risalta molto di più: tutti, tranne Mingus, avevano forse meno di trent'anni. Ogni traccia del disco sembra immolarsi al tempio di una potente e fertile divinità della musica. Tutti i sassofonisti aggiungono al loro *score* creativo almeno un assolo da manuale, ma il propellente arriva da Parlan e Richmond che martellano come in preda ad una specie di estasi pagana.

Thelonious Monk fu il primo compositore jazz a cercare di mantenere un tono personale ed una linea di demarcazione ben controllata e precisa nei suoi album, dall'inizio alla fine, ma «Mingus Ah Um» è forse stato il primo disco a far sentire davvero il timbro personale di un musicista. Pur non essendo un concept album, i suoi omaggi a Parker, Young, Duke Ellington e Jelly Roll Morton gli conferiscono una certa unità d'intenti. «Mingus Ah Um» risulta come un'opera unificata, un romanzo in contrapposizione ad un frammentario volume di racconti, un compatto sonoro che deriva tanto dalla sequenza delle tracce e dal suo impianto complessivo, quanto dai singoli brani.

Non è irrilevante che pilastri della storia del jazz siano stati tutti registrati più o meno nello stesso periodo. Come già accennato, «Kind of Blue» di Miles Davis e «The Shape of Jazz to Come» di Ornette Coleman uscirono sempre nel 1959. Fu un anno decisivo per l'evoluzione del jazz moderno ed ora, a più di sessant'anni dalla sua pubblicazione, siamo in grado di definire i punti di ancoraggio di quello che può e deve essere definito album storico, ossia un'opera fatta di bellezza compositiva, virtuosismo tecnico e profondità musicale.

In realtà, questo disco possiede una pozione ammaliante, emana qualcosa di demoniaco o di divino, basta saperne decifrare la formula. «Mingus Ah Um» è un album d'immensa creatività, perfettamente lucido, regolare e, al contempo, pindarico nel volo creativo; supera però il concetto di classificazione jazz ed entra nella catego-

47

ria dell'assoluto, ossia di musica totale, divenendo adatto a tutti i timpani, anche quelli dei neofiti più difficili da filtrare. *(Charles Mingus - «Mingus Ah Um», 1959).*

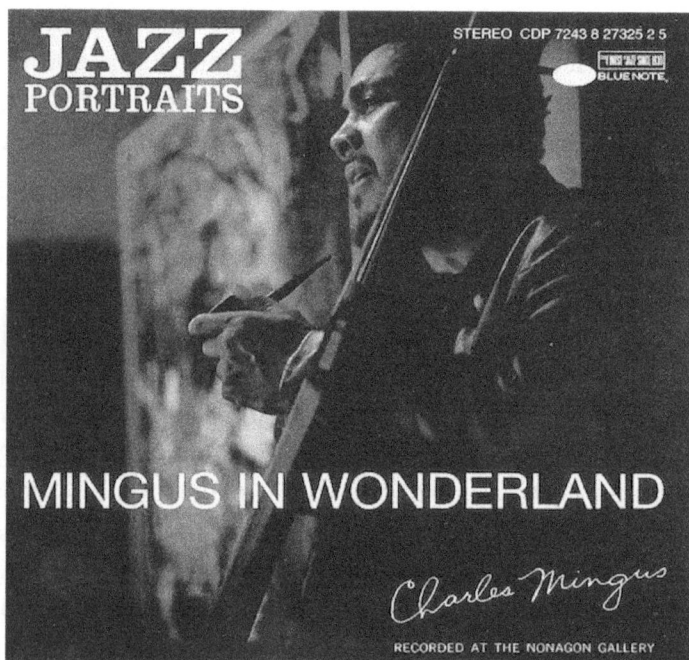

Nel 1958 Mingus era stato interpellato dall'allora giovane ed emergente regista John Cassavetes per comporre la colonna sonora del film «Shadows». Il sodalizio appariva perfetto, soprattutto perché il giovane cineasta si muoveva in un'area culturale indipendente ed autonoma rispetto ai prodotti cinematografici mainstream. Cassavetes girò la sua pellicola lasciando un enorme spazio all'improvvisazione ed il plot narrativo era decisamente mingusiano, avendo come protagonista una ragazza afroamericana creduta bianca per i tratti somatici particolarmente chiari. Un modesto budget ed incomprensioni varie fra i due contraenti portarono all'esclusione dei brani di Mingus dalla versione definitiva del film. Per contro le composizioni originariamente realizzate per Cassavetes verranno usate in altri dischi: «Self Portrait In Three Colors» in «Mingus Ah Um», mentre «Nostalgia In Times Square» e «Alice's Wonderland» nel sottovalutato «Jazz Portraits».

La Blue Note desiderava tanto avere nel proprio catalogo un album di Mingus e ci riuscì acquisendo i diritti di «Jazz Portraits». Per verità storica, il contrabbassista non ha mai registrato ufficialmente per l'etichetta di Alfred Lion. In effetti questo disco, che nasce da una registrazione dal vivo alla Nonagon Art Gallery di New York il 16 gennaio 1959, venne immesso sul mercato dalla United Artists nel settembre dello stesso anno come «Jazz Portraits» e successivamente in una nuova edizione come «Wonderland».

Qualche tempo dopo la Blue Note ne comprò i diritti e lo ripubblicò come «Jazz Portraits: Mingus In Wonderland» combinando i due titoli precedenti. L'album presenta Mingus in una veste molto più convenzionale rispetto al lavoro di sperimentazione che stava effettuando in quel periodo. Il costrutto musicale è diretto e meno interessato a creare l'effetto di una big band che scava nei meandri della tradizione soul-blues-gospel, ma offre una rappresentazione di quel sound che affascinava soprattutto i fans della Blue Note: siamo di fronte all'album più bop di Mingus nel senso letterale del termine.

Il bassista si avvale del supporto di John Handy al sassofono contralto, Booker Ervin al tenore (tracce 1, 3 e 4), Richard Wyands e pianoforte e l'onnipresente Dannie Richmond alla batteria. È convinzione diffusa che all'interno della discografia del sassofonista di Nogales vi siano testimonianze live migliori di questa, ma ciò è dovuto all'incapacità manifesta di una certa critica di saper separare l'olio dall'acqua e di considerare l'attività di Mingus come quella di qualsiasi altro musicista jazz. In realtà per la qualità espressiva ed esecutiva dei singoli, che in un contesto del genere tendono ad eccellere, rispetto alla coesione e alla collegialità di un composito ensemble, non ha nulla da invidiare ad altre tappe concertistiche disseminate lungo l'attività mingusiana, se non altro incontra molto il gusto dei cultori di «Mingus At Antibes» o «The Great Concert».

Nello specifico potrebbe essere tranquillamente assimilato a questa tipologia di live: la musica proposta alla Nonagon Art Gallery fu un distillato di bop avanzato che guardava alle imminenti innovazioni dell'avanguardia. Sicuramente l'album non è in cima alla lista dei lavori più famosi del contrabbassista, ma è accessibile alla medesima stregua di quello che sarà il suo album forse più conosciuto: il seminale «Ah Um». Due delle composizioni trattate in questo live, ossia «Nostalgia in Times Square» e «Alice's Wonderland», faranno capolino anche nell'album «Mingus Dynasty» con i titoli di «Strollin'» e «Diane».

La prima è imperniata su una melodia estremamente orecchiabile; la seconda è una ballata impressionista dal ritmo sonnambulo che sembra riecheggiare vagamente l'atmosfera di «Somewhere Over the Rainbow». Le percussioni estese e il ritmo volatile del basso di Mingus ne accentuano l'aspetto surreale mentre il piano lento di Wyands trascina ulteriormente l'ascoltatore in una dimensione fiabesca.

«No Private Income Blues» si caratterizza come un'esecuzione spettacolare: Handy ed Ervin si scambiano una serie suggerimenti a intervalli sempre più stretti, per poi cimentarsi in un'entusiasmante improvvisazione simultanea. Il loro dialogo disperato diventa il fulcro dell'intera composizione, interposto dai ritmi del band-leader e di Richmond, anticipando alcune delle note performance di Mingus con Eric Dolphy. Lo scambio acceso e le linee esterne rispecchiano sviluppi simili a quelli di Ornette Coleman e Sun Ra.

L'unico standard presente, «I Can't Get Started», diventa un'ottima vetrina espositiva per Handy che attinge a Charlie Parker ed accenna al modulo operativo che Eric Dolphy introdurrà presto nella band. Handy si mostra a volte lirico ed appassionato, mentre altre volte capovolge la melodia. Lo standard diventa un esempio da manuale di ciò che un artista creativo possa fare con un costrutto melodico ben scritto. Composto da Ira Gershwin e Vernon Duke, «I Can't Get Started» è un concentrato di romanticismo propedeutico ad un favoloso duetto Mingus-Handy. I contributi minimalisti di Richmond e le frammentarie frasi pianistiche di Wyands accentuano ancora di più il pathos del sassofono.

Non va tralasciato il fatto che sia «Alice's Wonderland» che «No-

50

stalgia in Times Square» furono originariamente composte - come già raccontato - per il film «Shadows» di John Cassavetes del 1959 come parte della colonna, ma la musica di Mingus fu quasi interamente sostituita nella versione finale del film. Una ricostruzione parziale della soundtrack è stata pubblicata nel 2015 come album compilation dal titolo «Shadows».

Sebbene non sia mai stata una parte importante del repertorio di Mingus, «Nostalgia in Times Square» da allora è diventato uno standard jazz, ampiamente eseguito e registrato da altri musicisti. In particolare, il trio Medeski Martin & Wood l'ha usata come parte di un medley insieme ad «Angel Race» di Sun Ra. Mingus non ha mai (o raramente) lavorato con i nomi altisonanti del jazz, ma la competenza dei suoi musicisti non può essere messa in discussione. Di certo il fedele Richmond andrebbe annoverato più spesso tra i grandi batteristi della sua epoca; lo stesso vale per molti altri, in particolare Booker Ervin ingiustamente o erroneamente da molti sottovalutato, forse offuscato dal successivo legame, quasi ombelicale, tra Mingus ed Eric Dolphy. Se la storia non si può riscrivere, si può certamente ampliare.

Il 1959 fu un anno fondamentale per Charles Mingus: registrò quattro album che contengono alcune delle sue più note e riuscite composizioni / esecuzioni. A differenza degli altri tre album, che per lo più presentano alcuni ensemble di maggiori dimensioni, «Jazz Portraits: Mingus In Wonderland», registrato con un quintetto essenziale, potrebbe apparire solo come una sorta di allenamento. Entrambi i sassofonisti, però, si esprimono ad altissimo livello ed il basso di Mingus è più vistoso e descrittivo rispetto a gli altri dischi dello stesso anno.

Senza eccedere nell'entusiasmo, questo live è l'essenza di un grande jazz: cinque uomini in piedi di fronte ad un pubblico (quello di Mingus era particolarmente esigente), senza espedienti o la rete di sicurezza dello studio, mostrano come sia facile trasformare quattro brani in poesie sonore *streetwise* (spontanee, da strada). Mingus apporta anche qualcosa di innovativo rispetto alle tradizionali dinamiche del suo strumento: gestisce il basso come se fosse una

51

piccola chitarra acustica, suonando linee veloci e agili con un'into-
nazione perfetta.

Non è un concept album con un tema unificante e una copertina
artistica, ma la qualità della registrazione di «Jazz Portraits» è eccellente, ogni strumento è molto chiaro e ben bilanciato. Riprodot-
to con un buon impianto hi-fi, il basso di Mingus suona come se
fosse proprio accanto a chi ascolta. *(Charles Mingus - «Jazz Portraits: Mingus In Wonderland», 1959).*

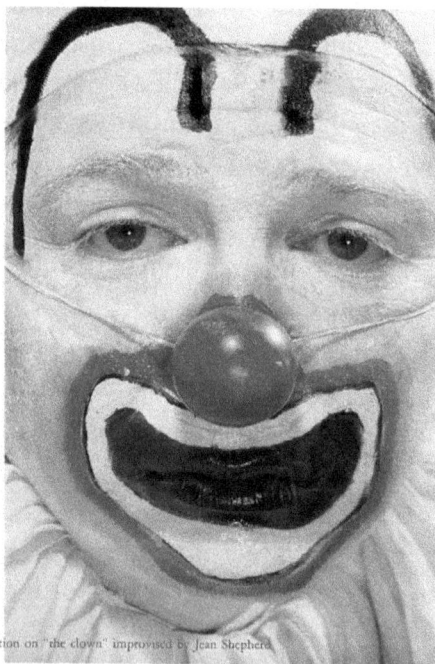

CHARLES MINGUS: FORMA E DE-FORMA MENTIS

Per comprendere meglio la figura di Mingus bisogna pensare che molti dei suoi lavori nascevano come opere letterarie primitive ed appena accennate, o analisi scientifiche della realtà sociale circostante, dove l'uomo e le sue relazioni molteplici erano sempre al centro della scena, un microcosmo fatto di musica, ma anche di parole, in cui molte dichiarazioni del contrabbassista hanno la stessa importanza, se non efficacia sonora, dei suoi dischi. Anche questa dichiarazione sembra una sorta di proclama: «*Se ci sono sentimenti o no dipende da quale sia il tuo ambiente o la tua provenienza, qualunque cosa tu possa avere in comune con un dato musicista. Se provi empatia per la sua visione personale, lo percepisci naturalmente, ma devi andare oltre la tua visione musicale. Io stesso mi sono appassionato molto a quei musicisti che non si limitavano a fare swing, ma che hanno inventato nuovi schemi ritmici e nuovi concetti melodici. Tra questi ci sono: Art Tatum, Bud Powell, Max Roach, Sonny Rollins, Lester Young, Dizzy Gillespie e Charlie Parker, il quale per me rappresenta la genialità assoluta perché ha determinato il cambiamento e l'avvento di una nuova era per il jazz. Ma non è necessario confrontare i compositori. Se ti piace Beethoven, Bach o Brahms, vanno bene tutti. Ho sempre voluto essere un compositore spontaneo. Pensavo di esserlo, anche se nessuno ne ha parlato: nessuno significa critici o musicisti. Ora, quello che voglio dire è che so di essere un compositore. Mi meraviglio dell'abilità compositiva di coloro che sono in grado di prendere scale diatoniche, cromatiche, scale a 12 toni o anche scale a quarti di tono; ammiro chiunque possa inventare qualcosa di originale. Però aggiungo che non può esserci originalità nella stupidità, senza alcuna descrizione musicale delle emozioni o della bellezza che l'uomo ha visto, o di qualsiasi tipo di vita egli abbia vissuto*».

La cifra stilistica di Charles Mingus fu talmente elevata, che risulta davvero difficile, se non impossibile, tentare il medesimo approccio critico e valutativo per tutti suoi album: nella sua musica esiste una sorta di perenne «mutatis mutandis», o comunque un tentativo costante di non dare troppi punti di ancoraggio all'ascoltatore medio, ma neppure al più allenato dei critici. L'intera opera mingusiana stupisce, desta meraviglia, a volte anche smarrimento, se non si hanno gli enzimi adeguati a digerirne talune complessità sonore. Mingus non è omologabile e la sua grandezza si sostanzia proprio per essere stato una sorta di enclave sonora, un universo parallelo rispetto al naturale fluire degli eventi durante l'epopea aurea del jazz degli '50 e '60. Per comprendere meglio questo album, bisogna fare un piccolo passo indietro.

L'enorme successo di «Ah Um» con la sua struttura sonora vagamente angolare aveva collocato Charles Mingus in una dimensione semi-underground, rispetto a quella di leader da tempo universalmente accettato e acclamato nell'ambito del jazz moderno. I fervori di una certa critica e l'entusiasmo provocato da «Ah Um» adombrarono alcuni lavori successivi nei quali il contrabbassista era ritornato nel suo alveo più tradizionale ed a quello che era il suo regolare canone espressivo e metodo di lavoro, anche se appare difficile trovare elementi di regolarità o comunque similitudini marcate tra i predecessori ed i successori di ogni album di Mingus. Tutto ciò dimostra soprattutto la sua eccellenza e, forse, anche la sua eccedenza, per cui un album del calibro di «Mingus Dynasty» sia stato in qualche misura trascurato, solo per essere stato una spanna inferiore al precedente «Ah Um», ma probabilmente solo in termini commerciali e di diffusione.

Il '59 fu uno degli anni più fecondi e seminali per il jazz, ed il contrabbassista di Nogales diede un contributo non indifferente, scandito dalla pubblicazione di alcuni capolavori registrati e pubblicati a cavallo tra il 1959 ed il 1960, quasi a sottolineare un intimo legame tra una visione costantemente innovativa della musica e la volontà di salvaguardare i valori costitutivi della tradizione afro-americana, soprattutto esercitando il ruolo dello sciamano in grado di filtrare le influenze più disparate, attraverso pozioni sonore complesse ed imprevedibili.

«Mingus Dynasty» fu il secondo capitolo della discografia di Mingus per la Columbia; registrato il 1° ed il 13 novembre del '59 e pubblicato l'11 aprile del 1960, nasce da due sessioni realizzate con due line-up diversi, ma alquanto simili: durante il secondo set furono presenti due violoncellisti al posto di due ottoni. Insieme ai suoi collaboratori, quali Richmond (batteria), Knepper (trombone), Mingus arruolò i sassofonisti Handy ed Ervin e il pianista Roland Hanna. In pratica, in questo disco Mingus è il leader di due gruppi: uno composto da dieci elementi e l'altro da nove. L'album contiene alcuni temi famosi come «Strollin'», noto anche come «Nostalgia In Times Square», presente nella colonna sonora del film «Shadows» di John Cassavetes; un omaggio a Duke Ellington con «Mood Indigo», che contiene un assolo di basso da accademia, ed un secondo omaggio al figlio Mercer con «Things Ain't What They Used To Be». In rilievo alcuni blues originali come «Slop», intriso di gospel e composto per una produzione televisiva che aveva richiesto un pezzo simile a «Better Git It in Your Soul», ma soprattutto «Gunslinging Bird» simile nella struttura, un emozionante brano up-tempo con i venti che trasportano una tempesta, il cui titolo completo è «If Charlie Parker Were a Gunslinger, There'd Be a Whole Lot of Dead Copycats», ossia «Se Charlie Parker fosse un pistolero, ci sarebbero un sacco di imitatori morti». Un paio di pezzi, «Far Wells, Mill Valley» e l'atonale ma tenera e melodica «Diane», con qualche accordo sinfonico alla Debussy, ricalcano l'approccio più strettamente orchestrato del lavoro fatto con «Pithecanthropus Erectus» del 1956.

Forse i tempi erano cambiati e come sosteneva lo stesso Mingus: *«Il buon jazz non è più quando il leader salta sul piano, agita le braccia e urla. Il bel jazz non è quando sei un tenorman ed alzi il piede in aria. Il grande jazz non è quando sollevi una nota penetrante per 32 battute e crolli sulle ginocchia. Un puro genio del jazz non si manifesta quando lui e il resto dell'orchestra corrono per il locale mentre quelli della sezione ritmica fanno smorfie e ballano attorno ai loro strumenti».*

«Mingus Dynasty», nonostante la sua natura schizofrenica ed irregolare dovuta alle due diverse sessioni, spicca sicuramente fra le tante produzioni del 1959/60, come già sottolineato, anni rivoluzionari per il jazz, dove il contributo di Mingus, anche con questo album, parla chiaro. La copertina che lo raffigura nelle dorate vesti di un imperatore cinese, a parte un pizzico di narcisismo, non usurpa alcun regno altrui, ma sottolinea la presenza, risaputa, di linee di sangue cinese nel suo albero genealogico. *(Charles Mingus - «Dinasty», 1960).*

Nel 1960 Charles Mingus stava operando una sintesi rispetto a quanto aveva elaborato nel decennio precedente. La riduzione dell'organico lo portava a pensare non tanto più in termini di ampollose orchestrazioni da big band con sontuosi arrangiamenti, ma a guardare ad un jazz più asciutto e diretto, nella misura in cui il famelico genio del contrabbassista potesse accontentarsi di un formato musicale semplice ed omologato.

Di certo, Mingus aveva iniziato un processo di destrutturazione del suo classico impianto sonoro, che lo porterà a lasciare per strada anche Booker Ervin il quale aveva caratterizzato il tributo a Lester Young con «Goodbye Pork Pie Hat» in «Mingus Ah Um» del 1959 o l'appassionato «Wednesday Night Prayer Meeting» di Blues & Roots del 1960.

Tenendo conto di queste registrazioni Ervin avrebbe potuto rivaleggiare tranquillamente con John Coltrane e Sonny Rollins. Eppure nel 1960, in occasione delle registrazioni di «Charles Mingus Presents Charles Mingus» il contrabbassista preferirà procedere per sottrazione, portando in studio un quartetto pianoless che comprendeva Eric Dolphy, Ted Curson alla tromba e l'ineffabile batterista Dannie Richmond.

Per un favorevole gioco del destino Booker Ervin quel giorno era ancora a bordo, insieme alla ciurma del suo burbero capitano, mentre nell'estate del 1960 la nave faceva scalo ad Antibes in Francia. A volte basta una piccola coincidenza per trovarsi sul filo degli eventi che i libri e le cronache narreranno ad imperitura memoria, poiché «Mingus At Antibes» è considerato uno dei migliori live in assoluto della storia del jazz moderno: Booker Ervin quel giorno c'era e la sua presenza sarà determinante insieme a quella di Eric Dolphy.

Ascoltando l'album si percepisce un forte coinvolgimento di tutto il line-up con lo stesso Mingus che incita i suoi sodali e li sprona vocalmente attraverso urla che imitano le note e, naturalmente, con un potente e corposo suono di basso che emerge prepotente, specie durante i passaggi lenti e quando la prima fila dei solisti si placa per qualche istante. Era il 13 luglio del 1960, ma il materiale catturato all'Antibes Jazz Festival e fissato su nastro dall'ORTF (Office de Radiodiffusion-Télévision Francaise) venne dato alle stampe dall'Atlantic solo nel 1976.

L'album inizia con «Wednesday Night Prayer Meeting», contenuta in «Blues & Roots» (allora appena pubblicato), e termina con «Better Git Hit In Your Soul» tratto da «Mingus Ah Um». Durante il concerto furono eseguiti dei brani che Mingus non aveva mai pubblicato come «Freedom», «What Love?» e «Folk Forms No 1», che verranno inclusi nell'autunno dello stesso anno nel già citato album «Charles Mingus Presents Charles Mingus». «Mingus At Antibes», così come è stato consegnato alla storia circa sedici anni dopo, è una magnifica tempesta perfetta di suoni, ma soprattutto offre stimoli e sensazioni diverse rispetto a quanto il pubblico e gli avventori della cittadina francese percepirono quel giorno.

Le variabili ambientali e spazio-temporali non sono di poco conto. Si consideri che nel 1960 i Francesi conoscevano poco la discografia di Mingus, molti ignoravano l'esistenza di «Blues and Roots» e «Mingus Ah Um» e non avevano ancora familiarità con i pezzi proposti durante la serata; inoltre la maggior parte degli spettatori era ancora legata alla tradizione classica del jazz ed ai principali iniziatori e fautori del bop come Charlie Parker, Dizzy Gillespie o Bud Powell, il quale ad un certo punto fu invitato a salire sul palco. L'arrivo del pianista, che viveva in Francia ed era amato dal pubblico transalpino, sicuramente tolse Mingus e compagni da una situazione alquanto imbarazzante.

Dolphy aveva iniziato a suonare «What Love?» al clarinetto basso ma indugiando eccessivamente, dopo aver rilevato Curson e Mingus, i quali avevano servito due assoli nitidi e sbrigativi, così Dolphy e Mingus si erano attardati in un lungo dialogo sonoro, quasi un battibecco. La formula sperimentale proposta da Dolphy innervosì il pubblico francese che iniziò a fischiare, più o meno come aveva fatto con Coltrane nella primavera dello stesso anno, durante la sua performance parigina al seguito di Miles Davis.

Come segno di rispetto nei confronti dell'ospite, Bud Powell, Mingus decise di proporre «I'll Remember April», dove l'impareggiabile improvvisazione del pianista venne salutata da uno scosciante applauso, che servì anche a placare gli animi. Per contro, «Folk Forms No 1» fu sciorinato secondo un procedimento abbastanza regolare: la classica *stop and go form.* Ervin al tenore esegue il primo assolo partendo dal tema base, seguito da Curson alla tromba e Dolphy al sassofono contralto. «Prayer for Passive Resistance» era praticamente un brano sconosciuto: il contrabbassista l'aveva registrato in primavera con una big band, ma non sarebbe stato pubblicato fino all'anno successivo nell'album «Pre-Bird». Dolphy, Ervin e Curson erano stati tutti presenti alla sessione, ma l'assolo centrale era toccato a Yusef Lateef. Nella versione proposta alla Pinède Gould Arena dell'Antibes Jazz Festival, Lateef fu sostituito da Ervin che ne esegui la parte con uno stile più duro ed aggressivo, decisamente più adatto alla dimensione live. Una piccola nota: Mingus suona ancora una volta il pianoforte nei brani 1 e 6, mentre, come già detto, nella traccia 4 dell'album il piano è di Bud Powell.

Negli anni '60 e '70 il contrabbassista di Nogales avrebbe suonato in numerosi concerti registrando più di due dozzine di LP ufficiali, ma ha sempre accusato parecchi organizzatori di concerti e tour-manager di rapina estorsiva per via dei tanti bootleg immessi sul mercato, disconoscendo le registrazioni illegali. Anche se con netto ritardo «Mingus at Antibes» venne invece pubblicato ufficialmente dall'Atlantic Records, facendo di esso un raro e prezioso documento sonoro divenuto parte integrante degli annali della storia della musica moderna, sicuramente il live più riuscito che Mingus abbia mai registrato. *(Charles Mingus - «Mingus At Antibes», 1960)*

LA SEMPLIFICAZIONE DELLA COMPLESSITÀ

Il genio di Mingus va ricercato nella semplificazione della complessità, ecco perché molti suoi dischi non venivano capiti al primo
impatto, o meglio, la regola d'ingaggio mingusiana non era consueta: il suo costrutto sonoro era chiaro, ma non banale e *straight-a-
head*, innovativo ma non d'avanguardia. Questo suo pensiero può
essere alquanto chiarificatore: «*Mio figlio è un pittore. Tutti a scuola, compresi i suoi insegnanti, gli dicono che è un genio. Gli chiedo
di dipingermi una mela e non qualcosa che lo sembri, ma che si ca-
pisca subito che è una mela, ma non lo fa. Vai dove puoi andare,
ma inizia sempre da un qualcosa che sia riconoscibile. Rendere
complicato ciò che è semplice è cosa banale; trasformare ciò che è
complicato in qualcosa di semplice, incredibilmente semplice: questa è creatività.*».
C'è un album dal titolo lunghissimo che custodisce due elementi
importantissimi insiti nella multiforme personalità musicale ed artistica del contrabbassista di Nogales: da una parte c'è l'iperbole
mingusiana, ossia la messa in scena o in atto di situazioni estreme,
ridondanti ed esagerate al fine di garantirsi lo stato di veglia dell'in-
terlocutore, nonostante il titolo «A Modern Jazz Symposium Of
Music And Poetry With Charles Mingus» non contenga alcuna poe-
sia e non sia un simposio letterario; dall'altra, conoscendo quella
che sarebbe stata la sua l'evoluzione musicale, si potrebbe facilmente intuire che ogni album di Mingus sia sempre una fase preparatoria all'operazione successiva.
Ad esempio, «Duke's Choice» riapparirà, in forma aggiornata e più
strutturata come «I X Love», nell'album del 1963 «Mingus Mingus
Mingus Mingus Mingus», così come «Nouroog», «Duke's Choice» e
«Slippers» andranno a costituire la base della suite «Open Letter to
Duke» su «Mingus Ah Um». La stessa «Nouroog» è una prima ver-

sione di «Meditations On Inner Peace». In effetti l'errore più visto-so che molti fanno, spesso anche certi critici o sedicenti tali, è con-siderare il corpus dell'opera mingusiana come se fosse «spacchet-tabile», divisibile, separabile a seconda dei momenti e delle varie formazioni di musicisti che vi hanno partecipato. È vero che nella lunga discografia del contrabbassista ci siano momenti di eccellen-za come «Ah Um», «Blues and Roots» o «Black Saint And The Sin-ner Lady», ma tutto l'insieme delle sue pubblicazioni va considera-to come un gioco componibile ad incastro, dove ogni elemento ha la sua funzione e la sua importanza.

Si sono sprecati fiumi d'inchiostro ed aperti dibatti su quale sia sta-to il line-up migliore al seguito di Mingus e le combinazioni migliori fra musicisti: Eric Dolphy, Johnny Coles, Clifford Jordan, Jaki Byard, per non parlare di Shafi Hadi, Jimmy Knepper, la band di «The Clo-wn», oppure dei protagonisti in «Oh Yeah!» quali Booker Ervin, Jim-my Knepper e Roland Kirk, ma come dimenticare MacPherson e Lonnie Hillyer o i collaboratori degli ultimi anni: Jack Walrath, Geor-ge Adams e Don Pullen? La verità è che le regole del gioco le detta-va sempre il burbero e temibile demiurgo di Nogales, il quale sa-rebbe riuscito a cavare il sangue anche dalle rape, con tutto il ri-spetto per la pletora di collaboratori che l'ha sostenuto negli anni.

«A Modern Jazz Symposium Of Music And Poetry» è il risultato di una sessione in sestetto che vede in prima linea il trombonista Jim-my Knepper, Shafi Hadi al tenore e al contralto, Bill Hardman o Cla-rence Shaw alla tromba, accompagnati dal pianista Horace Parlan, dal bassista/leader e dall'inseparabile Dannie Richmond alla batte-ria. Come già detto nell'album non ci sono poesie, ma «Scenes in the City» è l'unica traccia dell'album ad essere all'altezza del titolo con la narrazione parlata di Mel Stewart, un brano a ruota libera che si muove attraverso una varietà di stati d'animo seguendo il progetto iniziato con «The Clown». Le parole furono scritte da Loo-ne Elder e Langston Hughes e pronunciate da Melvin Stewart. Bran-ford Marsalis ne fece una cover negli anni '80 che ex-post rimandò molti indietro a ricercare l'originale di Mingus.

Senza tema di smentita, possiamo dire che «Scenes in the City», insieme a «New York Sketchbook», sia il punto culminante di quello che può essere ufficialmente considerato il quarto album di Charles Mingus, spesso considerato minore nel suo vasto catalogo ma a torto, così come gli altri due album usciti per la Bethlehem Records: «East Coasting» e «The Jazz Experiments». Le sei tracce rimanenti denotano la vivacità di un lavoro di costruzione *work in progress*, ma godibile ed infarcito delle solite schegge di estrosità mingusiana che danno vita ad un eccellente set di musica molto stimolante per gli intenditori, ma spesso poco accessibile al neofita o al jazzofilo della domenica pomeriggio alla ricerca dell'altra dimensione del suo genio. Anche se in generale il rapporto con la musica di Mingus non è per nulla agevole, perfino per tanti musicisti che non sanno o non saprebbero come suonarla.

Registrato nell'ottobre del 1957 e pubblicato quasi due anni dopo nel giugno del 1959, «A Modern Jazz Symposium Of Music And Poetry» nell'edizione in CD include tre tracce bonus: lo standard di Dizzy Gillespie «Woody 'n' You», una versione alternativa di «Slippers» e «Billie's Bounce» di Charlie Parker, che viene riportata come «Bounce» ed accreditata erroneamente a Mingus. *(Charles Mingus - «A Modern Jazz Symposium Of Music And Poetry», 1959).*

Dopo aver tentato soluzioni musicali più complesse e cervellotiche, giocando costantemente sul filo dello sperimentalismo e dell'imprevedibilità, nel 1960 Charles Mingus fece una sorta di passo indietro, ritornando alle più antiche fonti primarie di energia e di espressione musicale nera, come il blues, il gospel e il vecchio stile New Orleans.

«Blues and Roots», pur non essendo un album giocato sul classico eclettismo mingusiano, si colloca tra i momenti più riusciti della sua variegata discografia. Partendo da forme semplici e più tradizionali, Mingus aumenta la complessità della musica assemblando una band di nove elementi e organizzando più linee da suonare contemporaneamente, con una tecnica d'ingaggio non dissimile a quella dei vecchi ensemble di Dixieland, ma con una forza espressiva ed un sapore profondamente moderno.

61

Gli album di Mingus non avevano lasciato mai indifferenti i critici, i quali, citando Umberto Eco, erano sempre divisi tra «apocalittici e integrati»; spesso, guardandosi in cagnesco, si erano posizionati su due sponde, gli uni contro gli altri armati. Da una parte i custodi del jazz pre-bellico, che accoglievano l'innovazione con disgusto reazionario; dall'altra coloro che gridavano al miracolo, dopo ogni pubblicazione dell'ombroso contrabbassista. «Blues & Roots», fu una sorta di compromesso, acquietando gli animi più riottosi e trovando un punto di equilibrio tra innovazione e tradizione, soprattutto facendo emergere le conoscenze di Mingus legate al passato. Si potrebbe definire «Blues & Roots» un disco meno di «testa», ma fisico e corporale, come se Mingus cercasse un contatto carnale con la musica, ma sospinto da una forte componente spirituale. Ci sono momenti in cui il costrutto sonoro è esplicitamente basato sul Vangelo, come il classico rivoluzionario «Wednesday Night Prayer Meeting»; l'intero album viene eseguito con un fervore eccentrico che ammanta e disperde sia l'esuberante muscolatura swing che il languido e lento sangue blues. Il titolo non è casuale: è proprio il blues a dare maggiore risalto al sentimento dell'album, a parte il già citato «Wednesday Night Prayer Meeting», spicca il tributo a Jelly Roll Morton con «My Jelly Roll Soul»; «E's Flat Ah's Flat Too» e «Moanin'» sono da manuale.

Le cronache narrano che Mingus concesse molto spazio ai solisti, creando una sorta di porto franco a livello creativo. La libertà espressiva contribuì effettivamente a imprimere alle esibizioni un coinvolgente feeling. A parte Charles Mingus al contrabbasso, furono della partita John Handy e Jackie McLean al contralto, Booker Ervin al tenore, Pepper Adams al baritono, Jimmy Knepper e Willie Dennis ai tromboni, Horace Parlan o Mal Waldron al piano e Dannie Richmond alla batteria. «Blues and Roots», grazie al coordinamento di un composito e sinergico ensemble, si candida ad essere uno degli album più sanguigni della discografia di Mingus. (*Charlie Mingus - Blues & Roots, 1960*).

È sempre del 1960 un altro album capolavoro che nacque su un terreno abbastanza friabile ed in una situazione complessa, quasi sull'orlo del precipizio. Mingus era reduce da una delle tante crisi (era spesso in analisi), tanto che dopo molti mesi di incertezze, incomprensioni e caos Eric Dolphy e Ted Curson avevano deciso di andarsene. Questa avrebbe dovuto essere l'ultima sessione accanto all'irrequieto contrabbassista. Il 20 ottobre del 1960 i due frontmen varcarono la soglia dello studio insieme ad un Mingus corrucciato, seguito dal fido batterista Dannie Richmond.

Un quartetto essenziale pronto ad affrontare l'ennesima sfida che il «boss» aveva in mente di lanciare ed intenzionati a superare sé stessi ed ogni impedimento: le spinte centrifughe produssero invece un flusso inarrestabile di energia creativa, dando vita ad uno dei set più coerenti che Mingus abbia mai realizzato, dove i quattro padroneggiarono a meraviglia la materia ed impacchettano passato e futuro adattandolo al presente e spedendolo in orbita ad imperitura memoria.

Ancora oggi in ogni galassia del jazz si apprezza la fervente attualità dell'album «Charles Mingus Presents Charles Mingus». Il contrabbassista aveva deciso di simulare un'ambientazione di tipo live, creando un'atmosfera che potesse somigliare ad una serata in un club; da qui i suoi annunci parlati e la richiesta di spegnere le luci durante la registrazione. L'insolita atmosfera spinse tutti i sodali oltre le Colonne d'Ercole della consueta e normale cifra stilistica, incrementando il livello di audacia propositiva, tanto da rendere gli strumenti un'estensione di loro stessi. Mingus trasportò i suoi complici oltre la barriera del suono ed il perimetro di una partitura scritta, alterando il suo canone tradizionale ed abolendo ogni limitazione, al punto da far salire il livello d'intensità musicale ed espositiva in maniera parossistica.

Il basso di Mingus ed il sax di Dolphy oltrepassano costantemente il picco dell'inventiva. Le forme aperte agevolano la libertà di Dolphy, il virtuosismo e l'espressività sul clarinetto contralto e basso, donando a Mingus una delle migliori performance della sua carriera. Il dialogo musicale raggiunge il climax in «Folk Forms No.1» e negli scambi fra clarinetto e basso in «What Love». In «Original Faubus Fables» c'è il pungente attacco al governatore razzista dell'Arkansas, segnando una forte presa di coscienza da parte di Mingus nella lotta a sostegno dei combattenti per i diritti civili. Il bassista aveva già registrato il brano come «The Tales of Faubus», ma era stato censurato ed era stato interdetto dall'usare qualsiasi commento vocale.

In occasione di «Presents Charles Mingus» la Candid non impose alcuna restrizione. «Original Faubus Fables» venne fissato su nastro proprio nella maniera in cui Mingus aveva inteso in partenza, ossia come una denuncia sociale e sonora, politicamente tagliente che stigmatizzasse il comportamento del governatore Faubus dell'Arkansas, il quale aveva impedito ad un gruppo di studenti di colore di iscriversi alla Little Rock Central High School, una scuola da lui ritenuta per soli «bianchi» facendo intervenire la Guardia Nazionale. La decisione di Faubus provocò un caso politico, tanto da richiedere l'interessamento del presidente Eisenhower che commissariò l'Arkansas National Guard e inviò l'esercito regolare a verificare che ai nove ragazzi neri fosse consentita l'attività didattica.

Ciononostante i nove studenti afro-americani furono sottoposti a continue provocazioni, soprusi, violenze e atti di discriminazione da parte dei compagni, con la complicità degli insegnanti bianchi. In questa nuova versione Mingus e Richmond, dalle retrovie, sembrerebbero voler innescare e provocare i due strumenti a fiato, nascondendosi in maniera beffarda dietro una linea musicale che funge da riscaldamento per Dolphy e Curson che, dopo aver sprigionato una coinvolgente melodia, distillano assoli che vanno in profondità per poi risalire in un crescendo senza fine. Confrontata con quella presente in «Mingus Ah Um» questa versione integrale risulta assai più riuscita della precedente. Il contrabbassista riconferma la sua propensione a saper rielaborare vecchi materiali e renderli più vivi ed attuali. La qualità della registrazione è a dir poco sorprendente. Molti meriti vanno all'allora produttore Nat Hentoff ed alla piena libertà espressiva che l'etichetta Candid offriva ai suoi artisti. *(Charles Mingus» - «Presents Charles Mingus», 1960)*.

Nell'autunno del 1960 Mingus concluse il suo rapporto con la Candid con due sessioni al Nola Penthouse Studios di New York: la pri-

64

ma il 20 ottobre e la seconda l'11 novembre. Da queste sedute venne pubblicato un album dal titolo «Mysterious Blues» che nel corso degli anni ha finito per diventare una sorta di enigma avvolto in un mistero. L'album originale (Candid 9042) pubblicato nel 1961 comprendeva solo quattro brani: «Mysterious Blues» firmato Charles Mingus, lo standard «Wrap Your Troubles In Dreams», «Vassarlean» sempre di Mingus e «Me And You Blues» composta da quasi tutti i partecipanti al set.

Molto tempo dopo l'album fu pubblicato come «The Eldridge Session» e vennero aggiunte altre tracce: «Body And Soul», «R & R» ed un'ulteriore versione di «Wrap Your Troubles In Dreams». La ristampa in CD pubblicata nel 1989 oltre ai brani dell'album originale contiene ancora alcune tracce in più. In effetti, come su altri dischi di Mingus, stampati, accorpati e poi ristampati, l'incertezza regna sovrana: tracce singole possono essere individuate su molti dischi di edizioni diverse e sono mescolate con materiale casuale proveniente da altre sessioni, in cui può variare lo stile e la qualità della registrazione. Per fedeltà storica è bene attenersi alla prima edizione della Candid, la cui scelta rimane comunque discutibile per non aver pubblicato originariamente il materiale registrato nelle due sessioni.

In riferimento alle quattro tracce del disco Candid possiamo affermare con certezza che vennero eseguite da line-up diversi: «Mysterious Blues» con Charles Mingus contrabbasso, Roy Eldridge tromba, Jimmy Knepper trombone, Eric Dolphy sassofono alto, Tommy Flanagan pianoforte e Jo Jones batteria; «Wrap Your Troubles In Dreams» e «Me And You Blues» con Charles Mingus contrabbasso, Roy Eldridge tromba, Tommy Flanagan pianoforte e Jo Jones batteria: «Vassarlean» con Charles Mingus contrabbasso, Ted Curson tromba, Lonnie Hillyer tromba, Eric Dolphy sax alto, clarinetto e flauto, Charles McPherson e Booker Ervin sax tenore, Nico Bunick pianoforte e Dannie Richmond batteria.

Ci sarebbe da domandarsi se Mingus avesse organizzato queste sessioni per liberarsi del contratto che lo legava alla Candid o se sia stato solo un allenamento: si consideri che in quel periodo, tra il

1959 ed il 1960, Mingus realizzò alcuni album che sono passati alla storia. Certamente «Mysterious Blues», pur nella sua esigua e minimale struttura è ottimo album: Mingus è sempre Mingus, soprattutto molti dei partecipanti alle sedute di registrazione sono coloro con cui il contrabbassista di Nogales ha scritto alcune delle pagine più importanti della storia jazz moderno. Al netto di tutto il caos che la pessima gestione amministrativa e discografica del materiale ha generato, il contenuto musicale è piuttosto fluido, intrigante e viene fuori senza attrito alcuno. Quello che potrebbe sembrare un elemento di diversità o di disturbo rispetto ai normali gruppi di fedelissimi al seguito di Mingus è rappresentato dal trombettista Roy Eldridge che, al contrario, stimola ed esalta la performance di Eric Dolphy: sembrerebbe che i due avessero suonato sempre insieme; così come la presenza di Joe Jones in tre quarti del procedimento imprime all'album un movimento assai diverso, rispetto all'apporto ritmico di Dannie Richmond.

«Mysterious Blues» non è un album sperimentale, dove Mingus ordisce trame sonore ampollose e complesse, ma non è affatto un lavoro rabberciato o banale: la formula non troppo studiata di un incontro occasionale tra alcuni musicisti fa balzare fuori elementi non consueti e produce movimenti non convenzionali, il tutto in perfetta armonia, come se ancora una volta il burbero sciamano avesse concertato ogni dettaglio e scelto con cura ogni ingrediente segreto per la sua magica pozione. (**Charles Mingus - «Mysterious Blues», 1961**).

La pozione magica dello stregone Mingus attingeva in modo onnivoro al blues, al gospel, al dixieland, a Duke Ellington, al bebop e alla musica classica, ma l'ingrediente segreto era sempre l'imprevedibilità. Mingus ha offuscato, e spesso eliminato, i confini tra improvvisazione e composizione, ignorando il formato canonico della struttura, facendo leva su rapidi cambiamenti di umore e tempo. La «Mingus Music», come la chiamava lui, era una formula sonora e mentale estremamente complessa, quasi un'estensione della sua personalità.

In realtà analizzando bene alcuni aspetti della sua discografia, si potrebbe pensare, senza tema di smentita, che da una parte ci sia il Jazz e dall'altra la *Mingus Music*. Il contrabbassista di Nogales era ben lontano dal freddo raziocinio di un certo cool, teso all'eleganza formale, tendenza diffusa nel jazz negli anni '50, così come era distante dall'irrequietezza giovanilistica dell'hard bop o dall'anarchia degli avanguardisti degli anni '60 che considerava degli apolidi del jazz o dei dissidenti dal pentagramma: per inquadrare bene la musica di Charles Mingus bisogna pensare ad un caos organizzato o ad una specie di disordine disciplinato da regole ferree. La sua intransigenza con i collaboratori era proverbiale. Il demiurgo era lui: tagliava, accorciava, si fermava, ripartiva, allungava, intrecciava le composizioni.

«Mingus», album registrato nell'ottobre del 1960 e pubblicato alla fine del 1961 per l'etichetta Candid di Nat Hentoff, è la rappresentazione vivente del microcosmo mingusiano, sonoro e mentale. Anche in questa occasione ci troviamo di fronte ad una situazione *double face*: l'album contiene due tracce, «M.D.M.» e «Lock'em Up», registrate con un composito ensemble ed una revisione di «Stormy Weather» di oltre 13 minuti registrata in quartetto pianoless con Eric Dolphy, Ted Curson e Dannie Richmond, lo stesso schema adottato in «Charles Mingus Presents Charles Mingus» registrato sempre nell'ottobre di quell'anno. «M.D.M.», che sta per Monk, Duke, Mingus, elabora ed intreccia i temi di tre composizioni: «Main Stem» di Duke Ellington, «Straight, No Chaser» di Thelonious Monk e «Fifty-First Street Blues» di Mingus, divenendo l'asse portante dell'album a copertura di un'intera facciata della durata di 19 minuti e 15 secondi; «Lockiano Up» è un brano legato alle sofferenze psicologiche del contrabbassista ed al periodo di trattamento presso la clinica psichiatrica Bellevue di New York; qui, come nella lunga suite, al quartetto subentra in un gruppo di oltre venti elementi tra cui i sassofonisti Charlie McPherson e Booker Ervin, il trombettista Lonnie Hillyer, i trombonisti Britt Woodman e Jimmy Knepper ed i pianisti Roland Hanna e Paul Bley, i quali accentuano lo swing ed ampliano la gamma dinamica. Come già accennato «Stormy Weather» in quartetto mette in luce tutto il pathos di Dolphy, accentuato dalle linee aspre di Curson, punteggiato dal groove di Richmond e dal ritmo cadenzato di Mingus che riesce a simulare il picchiettio della pioggia, creando una rada e straziante interpretazione del rinomato standard.

Nonostante l'immediatezza, la facile fruizione, e che un sottile elemento di lirismo, quasi sardonico, scorra lungo tutto l'asse della musica, in alcuni tratti l'album appare alquanto introspettivo, sviluppando un lieve disagio a una frenesia incontenibile nella quale sembra di percepire le urla di dolore di Mingus. Il contrabbassista incombeva sul jazz di quegli anni personificandone il modernismo: «Io sono su di me» era il *leit-motiv* delle sue numerose dichiarazioni pubbliche. *(Charles Mingus - «Mingus», 1961).*

Districarsi nei meandri della cospicua discografia di Charles Mingus è come esplorare una fitta selva, talvolta piena di insidie. I motivi di certe difficoltà nascono dall'irrequietezza del contrabbassista e dai suoi repentini passaggi da un'etichetta all'altra, soprattutto a cavallo tra gli anni Cinquanta e Sessanta; senza contare le innumerevoli pubblicazioni non ufficiali. Trovandosi di fronte ad un titolo come «Pre-Bird» si potrebbe pensare ad un lavoro realizzato in gioventù o ad un contenitore con le primissime registrazioni mingusiane creato ad *usum delphini*.

Tutto ciò è chiarito dalle note di copertina, che spiegano come la musica fosse stata composta quasi in età post-puberale dal contrabbassista: «*La maggior parte dei brani contenuti nell'album furono scritti da Charles Mingus quando era giovane, in parte ancora adolescente, prima di unirsi a Charlie Parker, Bud Powell e al resto dei famosi modernisti degli anni '40 con cui poi ha suonato*». L'altro equivoco potrebbe nascere dal fatto che questo sia l'unico album pubblicato dalla Mercury, pertanto molti sarebbero indotti a credere che l'etichetta avesse semplicemente ottenuto i diritti di queste prime composizioni pubblicandole al fine di sfruttarne l'onda positiva dopo l'esplosione di popolarità del bassista arrivata con il successo commerciale di «Mingus Ah Um».

Fortunatamente «Pre-Bird» è un album ufficiale registrato il 24 e 25 maggio del 1960 e pubblicato nel settembre del 1961 secondo quelli che erano i crismi della concezione sonora che il contrabbassista di Nogales aveva in quel momento. Scorrendo il catalogo di Mingus ci si accorge, però, che non si può mai stare tranquilli, tant'è vero che «Pre-Bird» fu successivamente ripubblicato nel 1965 su etichetta Limelight come «Mingus Revisited» con la stessa track-list ma con una copertina completamente diversa.

Una differente peculiarità può essere ricercata nella migliore qualità sonora dell'album rispetto ad altre opere che risultano mediamente di pregevole fattura. Trattandosi di un *unicum*, la Mercury, notoriamente attenta ai dettagli, si adoperò per un certosino lavoro in sala d'incisione. Il merito va soprattutto a Leonard Feather, direttore tecnico delle sessioni di «Pre-Bird», il quale fece molta attenzione all'attrezzatura utilizzata durante la registrazione, usando un microfono Altec 150-A per riprendere il basso di Mingus, soprattutto entrambe le sessioni vennero fissate su nastro utilizzando moderni registratori Ampex. Si è soliti pensare che Charles Mingus fosse pronto per il mondo ma sistematicamente il mondo del jazz non era mai pronto per Mingus, forse perché sempre in anticipo sui tempi: «Pre-Bird» è dedicato alle sue composizioni giovanili, ma quando fu pubblicato nel 1961, venne considerato un album di jazz progressivo e all'avanguardia.

Sebbene alcuni suoi lavori siano stati profondamente influenzati da Charlie Parker, nel caso specifico il legame risulta assai più evidente con la musica di Duke Ellington e la tradizione blues, soprattutto c'è da dire che, quantunque le composizioni risalgano agli anni giovanili, qui ritroviamo la mano di un Mingus esperto e proiettato verso il futuro, il quale sa bene come strutturare taluni arrangiamenti e complesse partiture da affidare ad un ensemble piuttosto composito, grazie anche all'apporto fattivo di un direttore come Gunther Schuller.

«Take The 'A' Train» di Billy Strayhorn (spesso indicata come la sigla di Ellington) e «Do Nothin' Till You Hear From Me!» aprono rispettivamente i lati 1 e 2 del microsolco e sono entrambi ingegnosamente giustapposti ed interpolati per affinità armoniche con le nuove composizioni che hanno ispirato. «Exactly Like You» con il primo e

«I Let A Song Go Out Of My Heart» di Ellington con il secondo. En-trambi i componimenti vennero eseguiti nel tipico Mingus-style di quel periodo, attraverso complesse melodie multi-strumento e spe-cifici assoli affidati ai vari musicisti.

Parliamo di un'opera non comune eseguita da un'orchestra di oltre 20 elementi, di cui alcuni familiari sia nel piccolo gruppo che nella big band assemblata per le sessioni, come Eric Dolphy, Max Roach, Yusef Lateef, Booker Ervin, John La Porta, Ted Curson, Jimmy Knep-per e Dannie Richmond in testa, ma anche alcuni nomi assai rino-mati nell'ambito nel jazz moderno, quali Roland Hanna e Paul Bley al piano, Joe Farrell al sax e Clark Terry alla tromba.

In «Prayer For Passive Resistance», che è forse il brano più impat-tante per via dell'humus non dissimile a quello riscontrabile in «Mingus Ah Um», l'introduzione al basso di Mingus conduce ad un ipotetico incontro in chiesa con il sax tenore di Lateef che predica con l'anima in mano rivolgendosi alla congregazione, sostenuto da un improvviso groove in 12/8 che sembra spuntare dal nulla. Min-gus personifica l'epitome di ciò che era il jazz o di ciò che avrebbe dovuto essere: non teme mai di addentrarsi in un territorio inesplo-rato, sia attraverso rischiosi diversivi ritmici che linee contrastanti e dissonanti.

Un altro contrassegno saliente dell'album è sicuramente «Bemoa-nable Lady», una perfetta ballata mingusiana che funge da palco-scenico ad alcuni eccellenti assoli di Eric Dolphy con un sensuale gemito di sassofono contralto accompagnato dalle complessità to-nali dell'orchestra che ricordano il metodo compositivo di Ellington ma caratterizzato abbastanza da mantenere un *brand* mingusiano.

In «Eclipse» Mingus usa metaforicamente il sole e la luna per de-scrivere l'amore interrazziale e la disapprovazione dell'opinione pubblica, filtrata attraverso occhiali fumé con cui molti nascondono gli occhi, una strisciante discriminazione che lui ed altri avevano sperimentato sulla propria pelle. Il bassista aveva la rabbia di un leone ed il cuore di un poeta, così le sue parole diventano toccanti ed immaginifiche: al sole non importa e la luna non ha paura che il destino stia determinando quella scelta.

Si vocifera che il giovane contrabbassista avesse scritto la canzone per Billie Holiday, ma Sheila Jordan sostiene che Mingus la contattò per cantarla, poiché direttamente coinvolta per via del suo matrimonio interrazziale con Duke Jordan. Dal canto suo Lorraine Cusson la interpretò in maniera sensuale e soffocante mostrando un orecchio allenato ai passaggi melodici e armonici più difficili. La Cusson bissa con «Weird Nightmare», un altro pezzo vocale molto impegnativo basato su una moltitudine di cambi di accordi nella forma AABA standard. Durante la sessione di registrazione la Cusson invertì accidentalmente l'ordine dell'ultima riga turbando non poco l'umore del boss.

«Mingus Fingus # 2» segue il formato base della big band con un leggero cenno del band-leader verso il bop ed un avvicinamento alle sue tipiche divagazioni musicali. Mingus lo aveva registrato per la prima volta il 10 novembre 1947, come membro della Lionel Hampton Orchestra. L'atto finale, «Half-Mast Inhibition», presenta l'intero ensemble di 22 elementi con tuba, violoncello, fiati e percussioni diretti da Gunther Schuller. Spesso considerato uno dei capolavori di Mingus, questo pezzo della durata di oltre otto minuti è un viaggio panoramico che inizia con il violoncello di Charles Mc-Cracken, un intermezzo di tuba con Don Butterfield e vivaci movimenti di valzer che si accumulano intensamente fino ad una selvaggia esplosione degli ottoni, per poi sfociare in una placida serenità. Secondo le note di copertina, quando elaborò questa composizione Mingus aveva 19 anni ed era sul punto di suicidarsi: «*Ho imparato la capacità di auto-controllo attraverso la meditazione, e in realtà provo una grande serenità. Avevo trovato un'idea che mi fece pensare che potevo morire se avessi voluto. E ci lavoravo sopra. Non morte come distruzione, ma solo desiderio di morte. Mentre ero sdraiato, giunsi ad un punto tale che mi spaventai, così decisi che non ero pronto*».

Il genio di Mingus risiede non solo nella sua organizzazione tecnica, ma anche nell'elaborazione di vari stili musicali, espressioni sincere, mai artificiose e sempre piene di sorprese caratterizzate da vaste espressioni di stati d'animo, impressioni e sentimenti. Tutti i pezzi contenuti in «Pre-Bird» sono all'altezza delle aspettative che si potrebbero avere per il lavoro di Mingus del 1960; molte di esse emanano quella tipica atmosfera filmica da colonna sonora che ha portato il disco a superare la prova del tempo. *(Charles Mingus - «Pre-Bird», 1961 / «Mingus Revisited», 1965).*

Il jazz è sistematicamente un'eccellente introduzione ad una forma musicale impegnativa, non perché sia difficile nella struttura o nella narrazione, ma perché il jazz possiede geneticamente un elemento premiante, sia che tu stia sfiorando la superficie sia che tu stia scendendo in profondità. Con il jazz si potrà fare di tutto, ma non si potrà mai evitare di pensare.

Con la musica di Mingus ci si potrà inabissare, calarsi nel subconscio e poi risalire, cogliere aspetti reconditi e banali, ma difficilmente si potrà lasciare fuori dal contesto il pensiero. «Oh Yeah» è una rappresentazione quasi teatrale dell'esistenza umana, una satira «trimalcionesca» al limite della tragedia, dove pathos ed ironia camminano fianco a fianco. Registrato il 6 novembre 1961 presso gli Atlantic Studios di New York City e pubblicato nel 1962, l'album è collocato in un interstizio particolare della discografia del contrabbassista, all'incrocio di opere ritenute più importanti e per questo sottovalutato, ma a torto.

«Oh Yeah» potrebbe essere l'album più bello mai realizzato come una commedia sui piaceri più allettanti e le catastrofi più devastanti conosciute dall'uomo, dove Mingus svolazza, sfreccia, scherza e si esalta sostenuto da un costrutto sonoro dall'umore cangiante. Questo ultimo aspetto, però, è stata la prerogativa di molte opere mingusiane.

Gli arrangiamenti sono, come sempre, di prim'ordine con una percezione impareggiabile dello spazio e della melodia. In «Oh Yeah» non si esplorano meandri esoterici come tanti altri dischi jazz con intenti sperimentali, ma si gioca al tavolo del blues rievocando talune vecchie atmosfere da grande orchestra: sembrerebbe un Duke Ellington che abbia bevuto qualche bicchiere in più e cammini dinoccolato e veloce.

È un lavoro quasi a ruota libera rispetto ad album più classici, ma il primo aspetto che si coglie è che Mingus non suona il contrabbasso, affidato per l'occasione a Doug Watkins, degno sostituto, ma si diletta al piano e soprattutto ad usare la sua voce come un vecchio e consumato crooner blues, un attore brechtiano dal timbro a tratti sardonico e beffardo; lo strumento suonato con l'arco, però, che si ascolta in «Passions Of A Man», con la voce di un violoncello, era sicuramente manovrato dal boss. L'album trova Mingus in perfetta compagnia: Rahsaan Roland Kirk flauto, sax tenore e manzello, Booker Ervin sax tenore, Jimmy Knepper trombone, Doug Watkins contrabbasso, come già detto, e l'inseparabile Dannie Richmond alla batteria.

Gli attori sulla scena si muovono con disinvoltura mescolando la febbre del soul, il languore del blues e l'estro di una big band per creare un album dai confini misti, dove il fuoco della musica gospel incontra la contaminazione dell'hard bop, in una miscela bollente mantenuta a temperatura costante dal demiurgo di Nogales. Mingus aveva sempre avuto un bizzarro senso dell'umorismo, come espresso in alcuni dei titoli delle sue composizioni e in taluni arrangiamenti, ma in «Oh Yeah» il tasso di ironia viene spesso volutamente incrementato. Ciò è in parte dovuto al fatto che Mingus si trovi nella condizione di vocalizzare più spesso, sviluppando un'esuberante punteggiatura blues, ricca di acuminati fonemi, che funge da commento continuo alla musica e gli fornisce anche dei contenuti lirici.

Lo sciamano di Nogales canta, scandisce il tempo, grida e geme durante tutto il procedimento, spingendo la band verso un fervore estatico o gettandola a capofitto nei profondi baratri del pentagramma. Si aggiunga anche la lucida follia di Roland Kirk; tra lui e Mingus si sviluppa una chimica reattiva ed esplosiva: entrambi erano due libri aperti sulla tradizione del jazz, ma dediti alla più stravagante sperimentazione modernista. Le interpretazioni da solista di Kirk diventano un riflesso simbiotico delle intenzioni del Mingus compositore, così come Booker Ervin, fortemente empatico con Jimmy Knepper e Dannie Richmond, porta a compimento le visioni idiosincratiche del leader. Kirk lancia attraverso i suoi strumenti una sonorità «clacsonata» ed uno *squawk* atonale, specie durante «Hog Callin' Blues» in cui si dimena come una creatura posseduta dai demoni del blues.

Gli innesti vocali del band-leader irradiano la stessa ritualità divinatoria, sia che si tratti di distici blues che di una sorta di flusso di coscienza come in «Devil Woman». La voce diventa un'altra arma per Mingus, con la quale «suonare» con e contro il resto della band, passando dal moderno spiritual di «Oh Lord Don't Let Them Drop That Atomic Bomb On Me» al ritmo primitivo e dadaista del pianoforte in «Eat That Chicken», mentre «Wham Bam Thank You Ma'am» tocca un po' la spigolosità di Monk sia nei ritmi apparentemente fuori squadro che nella capacità di creare l'illusione di piegare le note. «Ecclusiastics» diventa un tema simile a un corale ed ibrido gospel-jazz.

Al primo impatto «Oh Yeah» potrebbe risultare come l'album più bizzarro ed insolito di Mingus, quasi una satira di quel mondo in cui il contrabbassista cercava sempre elementi di diversità, ma secondo un suo ordine ben preciso, sia pure apparentemente caotico. È proprio questo suo demitizzare e demolire taluni luoghi comuni del jazz che lo rende ancora così vitale e moderno. In alcune ristampe sono state aggiunte come bonus tre tracce provenienti dalla sessione pubblicata per la prima volta su «Tonight At Noon». *(Charles Mingus - «Oh Yeah», 1962).*

Il 1962 è un anno importante per la produzione discografica di Mingus. Pur dovendo dividere la titolarità con altri due importanti figure del jazz mondiale, «Money Jungle» è uno dei dischi che vedono coinvolto il contrabbassista *inter pares* e che denotano la sua innata capacità di anticipare i tempi e di non essere mai prevedibile. È un incontro inedito (e unico) fra musicisti di generazioni diverse: il decano Ellington, classe 1899, indiscusso maestro dello swing, l'imprevedibile Mingus, classe 1922, il cui rapporto con Ellington in passato non era stato felice, poiché allontanato nel '53 dall'orchestra del Duca per avere inseguito il trombonista Juan Tizol con un'ascia da pompiere sul palcoscenico; dal canto suo il re dei tamburi Max Roach, nato nel 1924, era passato fugacemente dall'orchestra di Ellington nel '41 per una sostituzione.

A quell'epoca Mingus aveva già prodotto alcuni dei suoi album più significativi tra cui il più recente «Oh Yeah» del '61 e stava mettendo in cantiere un capolavoro come «The Black Saint And The Sinner Lady» che sarà pubblicato nel '63, mentre Roach aveva dato alle stampe nel '60 «We Insist! / Freedom Now Suite», una pietra miliare nella protesta contro la segregazione razziale; per non parlare di tutta la sua precedente attività con il compianto Clifford Brown. Tre musicisti, tre percorsi e tre linguaggi che diedero vita ad un album vent'anni avanti rispetto alla media del periodo.

Le circonvoluzioni creative e le progressioni di Mingus oltre ad essere innovative sono stellari e ricalcano lo stampo del suo capolavoro «Pithecanthropus Erectus», dove la band è lanciata in un'improvvisazione collettiva totalmente a briglie sciolte rispetto alla composizione base e senza legami vincolanti con gli elementi tematici o armonici.

Con tale *modus operandi* Mingus tendeva a rafforzare la libertà espressiva, procedurale e comunicava riaffermando in modo deciso lo spirito primordiale del blues. Alcune soluzioni ritmiche del contrabbassista e di tessitura strumentale d'insieme sono state spesso riprese in seguito ed elaborate in ambito free-Jazz. La collaborazione con Eric Dolphy, molto intensa nel 1960, fu determinante.

Il Duca picchietta sui tasti con un fraseggio ed un timbro del tutto inusuali e con l'enfasi di un novello sperimentatore. Il pensiero va persino a Thelonious Monk, ma con un *aplomb* molto più elegante ed aristocratico, soprattutto con un tocco più preciso, mentre Roach batte solo sui tom, contribuendo a creare un'atmosfera ipnotica. Non dimentichiamo che Duke Ellington, inizialmente, ebbe molto da ridire e non poche difficoltà a sposare la causa del bop e dell'hard bop, ma in questo caso fa tesoro del *jungle sound*, mentre la sua memoria torna a quando si esibiva negli anni venti all'Hollywood Cafè di New York ed a quel modo tribale e martellante di suonare, poi affinato nel tempo.

Più in generale, i tre sodali tendono al superamento delle rigide strutture armoniche e melodiche del bebop, che si andavano delineando in quegli anni con sperimentazioni varie come il concetto di «big room» e di strutture armoniche dilatate.

Siamo nel 1962 ed Ellington decide che è arrivato il tempo di confrontarsi in prima persona, ad armi pari, con chi in quel momento stava azzardando un cambio di passo nell'ambito del jazz mainstream. Max Roach, da pari, fornisce un tappeto sonoro con cambi e passaggi da manuale, rievocando le ruvidezze della grande madre Africa, le sue sofferenze e l'anima nera; del resto, con uno come Mingus non era facile stare tranquilli. I due ospiti fanno da cerimonieri al «grande vecchio» (autore delle sette composizioni presenti nell'album), ma sanno come condurlo oltre lo steccato su un terreno meno prevedibile ed obliquo.

La terna vincente sfiora a tratti l'hard bop ed addirittura l'avanguardia ma esaltando soprattutto i magistrali passaggi melodici di Ellington ricchi di armonie, dove le luci si abbassano improvvisamente per essere risucchiati in un tentacolare costrutto sonoro dal vago sapore cinematografico, quasi una colonna sonora dell'esistenza umana. La melodia risulta a volte delicata, talvolta controbilanciata, mentre gli accordi sono a tratti dissonanti. Tutto contribuisce a far levitare una grazia sottile, ma ben piantata nel terreno della creatività.

Il ghigno beffardo di Mingus s'illumina e gongola di gioia, grato al destino di aver potuto imbracciare ancora il voluminoso strumento accanto al suo mentore ideale, mentre Max Roach gli regge il gioco da perfetto amico, socio ed alleato qual era. Qui ti rendi conto di come l'importanza di taluni personaggi, i quali hanno storicamente forgiato, cucito e strutturato il tessuto connettivo essenziale del jazz moderno, sia pari solo alla loro bravura. *(Duke Ellington con Charles Mingus e Max Roach - «Money Jungle», 1962)*

Mingus era di Nogales, città della contea di Santa Cruz in Arizona, situata sulla linea di confine con il Messico dove, nella regione messicana di Sonora, si trovava l'altra Nogales. Il richiamo del Messico e della cultura latina si erano presto intensificati grazie all'amico trombettista Fats Navarro che l'aveva spronato ulteriormente ad entrare in contatto con la ricchezza di quel mondo sonoro, così negli anni il legame con quella terra di confine era diventato sempre più saldo. Non a caso, quando il contrabbassista venne colpito dalla terribile sclerosi laterale amiotrofica cercò nell'amato Messico, simbolo di libertà, un ultimo rifugio, trasferendosi a Cuernavaca dove trascorrerà gli ultimi giorni della sua vita. Mingus morì in Messico il 5 gennaio del 1979.

Tijuana è la città più occidentale dell'America Latina continentale, quasi a ridosso di San Diego, non molto distante dalle zone dove Mingus era nato e cresciuto: una popolosa metropoli, via di transito e di passaggio, meta di avventurieri, trafficanti, contrabbandieri e gente di ogni risma; una piccola Gomorra immersa nel vizio e nel gioco d'azzardo, piena di bordelli e locali di infimo ordine.

Nel 1957 Tijuana alimentò la fantasia creativa e compositiva del contrabbassista attraverso un album narrato come un film di avventura; di Tijuana si percepiscono, in maniera quasi palpabile, l'aspro sapore della polvere, il clima torrido, il sudore delle ballerine, dei musicisti e delle meretrici, l'odore intenso dei locali, della cerveza e dalla tequila, ma soprattutto il crogiolo di ritmi, suoni e danze.

Il lungo sottotitolo di «Tijuana Moods», presente sul frontale della copertina, recita più o meno cosi: «*Pubblicato per la prima volta l'album che Charlie Mingus considera come il suo miglior lavoro, nel quale lui ed i suoi uomini ricreano un eccitante soggiorno in una controversa e selvaggia città di frontiera del Messico*». Le note riportate sulla parte posteriore della copertina riconfermano la volontà di Mingus di sottolineare l'importanza di questo lavoro in maniera alquanto esplicita: «*This is the best record I ever made!*», per intenderci, questo è il miglior disco che io abbia mai fatto.

L'eclettico contrabbassista di Nogales di dischi importanti ne aveva già pubblicati molti ed altri ne sarebbero arrivati negli anni a venire; soprattutto non era nuovo a queste dichiarazioni di cui, allo stato delle cose, probabilmente era assai convinto, ma che potrebbero risultare come una rudimentale strategia di marketing dell'autocompiacimento, atta a trasferire nel fruitore e nell'acquirente una piacevole sensazione di sicurezza.

Sta di fatto, però, che «Tijuana Moods» si colloca in una posizione alquanto elevata nell'ambito dell'opera omnia mingusiana, senza sfigurare in mezzo a tanti capolavori più celebrati ed osannati dalla critica. Per un'anima divisa in due o tre come la sua, niente era mai stato meglio di un confronto dialettico tra culture, così nel 1957, appena rientrato da un soggiorno in Messico, ispirato dai suoni agrodolci dei mariachi, Charles Mingus aveva trascinato i musicisti in studio per registrare «Tijuana Moods» per conto della RCA. Il disco ebbe, però, una genesi difficile, a causa di un complicato groviglio legale con la RCA che coinvolgeva Thad Jones, il quale aveva firmato in esclusiva per l'etichetta Debut di Mingus. A tutto ciò si aggiunse il tracollo finanziario della Vik, sussidiaria della RCA, alla quale l'album era originariamente destinato.

Il risultato fu un ritardo di cinque anni prima che «Tijuana Moods» vedesse la luce nel 1962. Mingus era uno dei compositori più espansivi e progressivi del jazz moderno, dove il processo di sviluppo si sostanziava fra la confluenza di stimoli molteplici ed attraverso la costituzione di ensemble estesi, o di dimensioni ridotte, capaci di creare la dimensione ed il tipico *humus* di una big band: il sestetto di «Tijuana Moods» riuscì perfettamente nell'impresa. In particolare i pezzi più estesi gettarono un ponte tra l'innovativo percorso orchestrale dell'anno precedente, ossia «Pithecanthropus Erectus» e la successiva composizione di singoli frammenti sonori senza soluzione di continuità presenti in «The Black Saint And The Sinner Lady».

«Dizzy Moods» sfodera subito un sibilante luccichio di nacchere da serpente a sonagli. L'ampia immagine sonora a tutto schermo è vivida e chiara come una finestra spalancata sulla valle del vento. La tromba di Clarence Shaw scivola negli interstizi della trama che Mingus ha intessuto per i solisti, mentre il suo basso è deciso, rotolante e melodiosamente fragoroso; il tema viene sviluppato quasi come un sottofondo per una sfilata di moda: elegante, cadenzato, intrigante, quasi una colonna sonora ideale per la trasposizione del film di E. Dmytryk *Walk On The Wild Side* (Titolo italiano «Anime Sporche») con le musiche di Elmer Bernstein. «Ysabel's Table Dance» è caratterizzato dai vocalizzi aspri e taglienti di Ysabel Morel e dalla spigolosità del basso ad arco di Mingus. Le nacchere procedono con la rapidità di fuoco di una mitragliatrice. Frenetici cambiamenti di umore sono segnati dalla tromba di Shaw e dal trombone di Jimmy Knepper come in una pellicola cinematografica in cui vengono incollate scene veloci ed in sequenza, mentre Dannie Richmond, alla batteria, accetta il gioco del metronomo mutevole; a questo punto il collettivo si unisce in un frenetico *melange*, fino a quando il compatto sonoro non si sfalda sotto i colpi di un loquace, ma convincente assolo di Shafi Hadi.

La spirale sonora architettata da Mingus è densa e mutevole, garantendo aria e spazio di manovra a tutti i sodali, mentre il piano di Bill Triglia, qua e là, zampilla di note nitide e distinte, quasi a voler diluire la focosa eccitazione dei compagni di viaggio. L'impianto costruttivo rimanda ai lunghi pezzi che Gil Evans ordiva in quello stesso periodo, anche se le partiture di Mingus risultano più libere sul piano improvvisato: qui la melodia fornisce un ampio spettro di stati d'animo in costante mutamento. Il finale introdotto dal piano sarebbe perfetto per il commento sonoro di un cartoon.

«Tijuana Gift Shop» esordisce con un'apertura avant-garde composta da brevi frasi ritmiche che determinano ancora un effetto *collage*, quasi un fotomontaggio di istantanee sonore prima di fondersi in un insieme compatto e legato dal sax di Shafi Hadi, il quale imbecca Jimmy Knepper per un assolo di trombone, mentre il sassofonista gli gira intorno al ritmo di un flamenco estatico come un torero nell'arena. Mingus si materializza come una sagoma sporgente, quella di un gigante che cresce nell'avanzare, mentre l'ultima parola va all'elegiaca tromba di Clarence Shaw. «Los Mariachis» inizia con i fiati all'unisono prima che il basso di Mingus passi in mezzo a loro con disinvoltura, dal canto suo Shaw in sordina sembra tremare come un debuttante.

La batteria di Dannie Richmond garantisce una scorta costante di carburante al substrato ritmico, mentre Clarence Shaw, quasi parlante e dolcemente conciso, dà il via ad una sezione di calypso quasi burlesca con Bill Triglia che ne condivide l'idea in successione. Il costante cambiamento di umore e di generi, nonché la capacità di

bilanciare l'orchestrazione strutturata con la libera improvvisazione, diventa il riflesso della polivalente personalità mingusiana. Ad
un passo dalla fine Shaw abbozza un languido tormento blues,
mentre il leader frantuma le lunghe trincee malinconiche esplo-
dendo luccicanti colpi di basso.

«Flamingo» di Ted Grouya, a suo tempo pietra miliare della discografia di Duke Ellington, offre al trombone di Jimmy Knepper l'op-
portunità di estrarre la melodia in tutto il suo splendore dall'im-
marcescibile tema, mentre Hadi e Mingus si uniscono alla batteria
di Dannie Richmond per ispessire la miscela sonora. La tromba di
Shaw esplora i confini estremi del tema portante, per poi svanire in
lontananza, mentre il pianoforte di Bill Triglia e il sax di Shafi Hadi
s'inebriano di una bellezza senza tempo, mostrando un sacrale rispetto per la struttura melodica. L'arrangiamento di Mingus appare
imperniato su fantasiose astrazioni, come una mano che schiaccia
un foglio di carta, per poi rilasciarlo ed appianarlo di nuovo.

Registrato presso il Victor's Studio RCA di New York il 18 luglio del
1957, «Tijuana Moods» riconferma un Mingus capace di scardinare
i vincoli melodico-armonici e di espandere le dinamiche di gruppo,
attraverso un'improvvisazione collettiva congrua e razionale, come
nessun altro ha mai saputo fare prima, né saprà fare dopo di lui.
(Charlie Mingus - «Tijuana Moods», 1962).

Tra storia e leggende il percorso artistico ed umano di Charlie Mingus non risulta mai noioso o scontato: il colpo di scena ed il brivido
dell'imprevisto sono sempre dietro l'angolo o in agguato. Il contrabbassista di Nogales, dietro a quella aria burbera, insofferente
ed intemperante, spesso violenta, era alquanto ingenuo: un sogna-
tore, un poeta, un idealista, tanto da cadere in tranelli organizzati
ad hoc; un genio talvolta concentrato più sugli intrecci armonici e
meno sulle faccende pratiche che saranno progressivamente rileva-
te e gestite, specie nella parte terminale della sua esistenza, dall'a-
bile consorte, Sue Graham, erede di un fiorente feudo artistico ed
economico.

La travagliata gestazione, o se preferite l'arrembante genesi, di
«Town Hall Concert» è frutto di un concepimento contro natura o

di un'esibizione sventurata, in cui Mingus pensava di fare delle prove di fronte ad un pubblico compiacente, come avveniva negli show
televisivi, ed invece gli organizzatori gliela avevano venduta come
un'esibizione in piena regola, facendo pagare il biglietto agli spettatori. L'idea di partenza era stata quella di registrare un album dal
vivo alla Town Hall ma con la qualità di una sessione in studio, ri-
correndo ad un ensemble di 32 musicisti e 3 arrangiatori, Melba Li-
ston, Bob Hammer e Gene Roland. Inaspettatamente il concerto
venne anticipato per volere della United Artists ed il tempo delle
prove ridotto.

Una scelta quella della casa discografica che potremmo definire eufemisticamente insensata data la mole di lavoro. L'ignaro pubblico,
che aveva pagato l'ingresso, si trovò ad essere confuso, spaesato ed
amareggiato dalle false partenze e dalle incertezze dell'organico,
mentre il contrabbassista urlava parole di rabbia all'indirizzo degli
organizzatori invitando gli avventori a chiedere un risarcimento per
quanto versato. Alla fine il prodotto fissato su nastro sembrava aver
fallito sia nella creazione di un'atmosfera live sia nell'ottenimento
di una qualità da studio. Il suono risultava piatto, bidimensionale e
per nulla circolare, mentre la profondità che una band di queste dimensioni avrebbe dovuto produrre sembrava schiacciata sotto una
montagna di ovatta. Stando così le cose, non avrebbe mai potuto
funzionare.

La sera prima della performance Mingus aveva consegnato gli spartiti ai vari orchestrali con una musica che non avevano mai visto e
suonato prima, tanto che uno scollamento nell'interpretazione o
nella comunicazione in un punto o nell'altro sarebbe stato inevita-
bile. Inutile dire che le rivalutazioni critiche di questo album, a lungo considerato come un imbarazzante fallimento ed un'enorme
battuta d'arresto, con il passare del tempo hanno finito per non essere più unanimi. Molti album, ampiamente categorizzati come
«incompresi» al momento della pubblicazione, finiscono per trovare un'inattesa rivalutazione o un meritato riconoscimento anni o
addirittura decenni dopo. Soprattutto dopo l'eccellente lavoro di ricostruzione operato da Gunther Schuller che porterà alla sublima-

zione dell'idea di Mingus nell'opera postuma chiamata «Epitaph», le posizioni hanno cominciato ad essere fortemente polarizzate, dividendo i detrattori, in verità sempre di meno, dagli entusiasti cultori di questo album.

A monte dei tanti errori, corretti in fase di post-produzione, il costrutto sonoro è a dir poco affascinante anche se un po' impantanato nella sua varietà che al primo ascolto produce un frustante senso di incompletezza e di non omogeneità. Non si dimentichi che Mingus aveva concepito parte del materiale negli anni '40 e negli anni '50 ed il resto, specificamente per l'album, nasce da una combinazione a volte scomoda di influenze varie: c'è molto Ellington, ma anche parecchio Monk, come nel caos razionale di «Pithecanthropus Erectus»; addirittura «Epitaph Part 2» sembrerebbe precorrere i tempi: nella seconda metà del brano si possono riscontrare delle sonorità che si configurano come un modello primordiale di «Bitches Brew».

Se si parte dal principio che un album debba essere un costrutto concettuale coerente in cui il totale abbia più valore delle singole parti, allora «Town Hall Concert» fa acqua come un colabrodo. Qualora volessimo considerarlo come una raccolta di brani singoli da poter scegliere a caso, allora siamo di fronte ad un contenitore di musica straordinaria, senza se e senza ma. Tecnicamente il disco originale di per sé è un'operazione da dilettanti. Nella ristampa Blue Note degli anni '90, quella da ricercare, è stato fatto un buon lavoro per riempire alcuni spazi vuoti.

L'inclusione di «Osmotin'» fu un'ottima idea, ma il finale bruscamente troncato è un'ulteriore prova che qualcosa era andato storto durante l'esecuzione/registrazione del 1962. Per contro nessuna delle false partenze o dei rumori di disorientamento del pubblico è stata inserita nell'album pubblicato, o nella ristampa restaurata, ma tutto il lavorio ex-post per riuscire ad ottenere un risultato accettabile deve aver costretto i fonici a fare una potatura piuttosto pesante. Non di meno la sensazione è quella di una performance che minaccia costantemente di lacerarsi in un inferno di suoni, anche se la tensione tra le parti scritte e l'anarchia delle esecuzioni individuali produce una ricchezza aggiuntiva. In fondo parliamo di jazz dove l'improvvisazione e l'imprevedibile dovrebbero essere un elemento costitutivo, ma che comunque non giustifica situazioni caotiche ed incomprensibili.

Se una delle maggiori aspettative di una big band risiede nella tensione tra l'ensemble, l'arrangiamento e il singolo musicista, lo scontro tra l'individualità e l'insieme deve determinare qualcosa di superiore ad entrambi. In «Town Hall Concert» la piattezza del suono minaccia costantemente di schiacciare gli esecutori, ma la brillantezza degli arrangiamenti ed il talento di alcuni di essi ne salvano l'impianto complessivo: basta ascoltare Eric Dolphy in «Epitaph, Part One» ed il salvacondotto per il successo è garantito. L'album inizia con «Freedom» scritta dallo stesso Mingus, una sorta di manifesto politico oltre che sonoro.

Il contrabbassista era perennemente pronto a prendere posizioni sul modo in cui i neri e le minoranze venivano trattate in quegli anni; proclami che spesso facevano parte integrante del suo costrutto compositivo. Tutto ciò non l'ha mai favorito, specie nei rapporti con le case discografiche che non amavano prendere posizioni politiche nette e dirette. Tanti lavori seminali di Mingus furono spesso limitati ed inficiati da questo difficile rapporto bilaterale, non di meno da quello con una certa informazione di «regime». In buona sostanza, epurando tutti gli elementi di contorno, cause innescanti ed effetti devastanti, la musica contenuta in «Town Hall Concert 1962» si pregia dell'inarrivabile genio creativo di Mingus con alcuni momenti di eccellenza compositiva ed interpretativa, in particolare gli scambi tra il bassista ed Eric Dolphy ed alcuni assoli da manuale di Clark Terry. In origine furono registrati poco più di 35 minuti di musica, una quota esigua per un album oltretutto da amputare e ricucire.

Come già detto, nel 1994 la Blue Note fece del suo meglio per correggere alcuni dei peggiori aspetti del contenuto originale e ripulire la registrazione. Alla track-list fu aggiunta una traccia di studio, «Peggy's Blue Skylight» del 1961 come bonus-track, in cui compaiono il polistrumentista Rahsaan Roland Kirk ed il trombonista Jimmy

Knepper, quest'ultimo membro stabile della band di Mingus ma escluso dalla registrazione alla Town Hall. Per un ulteriore gioco del destino, durante una discussione tra Knepper e Mingus avvenuta poco prima dell'inizio del concerto, il bassista aveva sferrato un pugno a Knepper sulla mascella distruggendogli quasi l'imboccatura e beccandosi una querela per aggressione.

Quel 12 ottobre 1962 alla Town hall di New York sembrava davvero iniziato sotto una cattiva stella, ma come in molte vicende mingusiane, gli astri finiscono per allinearsi positivamente, anche a distanza di decenni. All'epoca in cui la registrazione originale fu pubblicata, con tutti i suoi difetti, il modo di suonare di Mingus era considerato da molti già irregolare ed imprevedibile. Il restauro dell'intero concerto e la ripulitura della registrazione hanno determinato una sorta di miracolo, poiché ascoltandolo attentamente si percepisce solo un minimo senso di irregolarità, ma bisogna vere orecchie grandi ed allenate, senza però lasciarsi condizionare dai fattori esterni e non precipuamente musicali. *(Charles Mingus - «Town Hall Concert», 1962 / 1994).*

LA NARRAZIONE DISSONANTE

Scorrendo la lunga discografia di Charles Mingus, è difficile trovare un album uguale ad un altro, magari il successivo o uno qualunque identico al precedente. I lavori di Mingus sono come la stanza degli specchi, non sai mai dove andrai a sbattere o se troverai un'uscita. A volte si è assaliti dal panico, altre volte si gode, ma in genere si è colpiti da stupore e meraviglia. Soprattutto nella musica di Mingus non vanno cercati facili trastulli; i lavori del contrabbassista sono quanto di più distante ci possa essere dal sottofondo ricreativo per ambienti o dall'antidepressivo sonoro per il dopolavoro. I dischi di Mingus sono un'esperienza totalizzante ed una scelta olistica: imprevedibili, strazianti, intensi, innovativi, coinvolgenti, al punto da toccare alcuni aspetti della psiche umana. «The Black Saint And The Sinner Lady» è forse l'unico album jazz ad avere le note di copertina scritte da uno psicologo clinico, Edmund Pollock, che scrive: «*Egli cerca di dirci che soffre, perché ama. Non sa accettare l'idea di essere solo con sé stesso. La sua musica è un invito alla reciproca accettazione, al rispetto, all'amore, all'amicizia, alla libertà. Un'implorazione a cambiare il lato negativo dell'uomo e porre fine all'odio*». Lo stesso Mingus cerca di perorare la sua nuova causa: «*Non sento il bisogno di spiegare ulteriormente la musica, se non di dire che butto via tutti gli altri miei dischi tranne forse un altro*».

«The Black Saint And The Sinner Lady» è uno dei *concept* più riusciti nella storia della composizione ed orchestrazione jazz. Charles Mingus progettò la sua opera come un balletto suddiviso in sei atti; a parte la suddetta inclusione di note di copertina scritte dal suo psicologo, si sottopose a una serie di sedute dallo strizzacervelli, al fine di cogliere ulteriori sfumature fra le complesse dinamiche dell'animo umano: la lotta tra la vita e la morte, le contraddizioni fra violenza e bellezza, arte e sopraffazione, l'eterna lotta fra il bene ed il male, tra l'essere e l'avere.

Analizzato attentamente l'album si rivela come un capolavoro, un arazzo sonoro dotato di una fitta trama a più strati, fatta di colori tonali vorticosi, abilmente manipolati da un ingegnoso pittore in grado di far risaltare i dettagli.

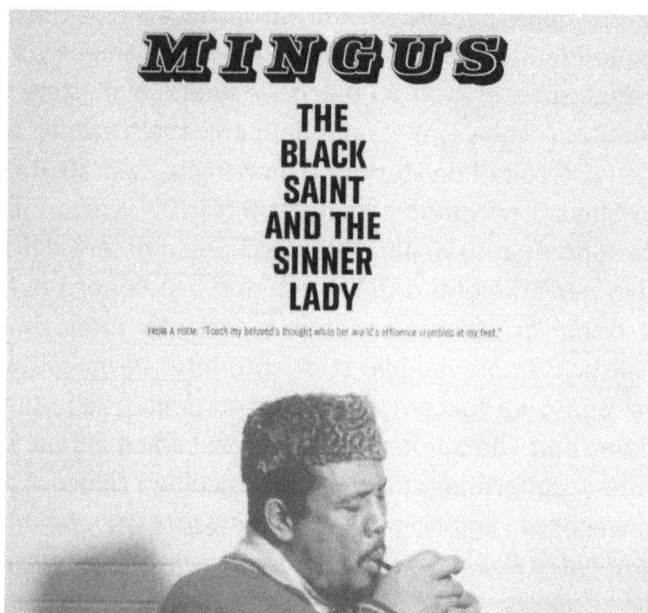

L'intera suite assume i toni di una festa fatta di esibizioni virtuose, atmosfere mutevoli e umori cangianti. La trama sonora è ben ordita da una band di undici elementi tra cui l'impeccabile Jerome Richardson signore assoluto del sax baritono in varie partiture, il quale trova il perfetto alleato in Dick Hafer a supportarlo con il flauto o con il sax tenore altrove. Il lavoro del trombone di Quentin Jackson è inarrestabile, così come impeccabili risultano Rolf Ericson e Richard Williams alle trombe, Don Butterfield alla tuba ed il già citato Hafer al sax tenore. Sicuramente l'elemento più convincente dell'ensemble è Charlie Mariano al sax alto.

La voce lancinante del suo strumento trasmette forti emozioni, pathos, divenendo assai evocativo. In verità, il fervore si legge in tutte le esecuzioni dei singoli strumentisti: in ciascuno di essi ci fu la spregiudicata convinzione di partecipare ad un «qualcosa» che forse sarebbe passato alla storia; di sicuro avrebbe messo in discussione il canonico *modus operandi* del jazz di quegli anni. Il resto del gruppo comprendeva Mingus al basso e per un breve tratto al piano, Jaki Byard al pianoforte, Jay Berliner alla chitarra spagnola e Dannie Richmond alla batteria.

Nell'album sono presenti alcuni punti di riferimento stilistici: Ellington, le avanguardie del periodo, diversi inserti di flamenco, ma la procedura applicativa ed i metodi d'impiego sono assai differenti rispetto al passato.

Questa volta Mingus fa molto affidamento sui contrasti timbrici tra ottoni, smorzandone gli eccessi tonali altisonanti e diluendoli con voci più basse e morbide di tuba e sax baritono rispetto ai legni superiori, in genere fortemente lirici e pungenti. La complessità dell'opera nasce da uno sforzo di gruppo: tutta la musica è frutto dell'interazione di collettiva.

La magnetica e determinata creatività di ogni singola voce richiama le altre, raggiungendo un'intensità così furiosa, che basterebbe un altro passo per precipitare nel baratro del free jazz. Si cammina sul ciglio del burrone. All'interno di questo quadro, Mingus gioca sui ritmi mutevoli, producendo controllate dissonanze e molteplici linee melodiche intrecciate l'una nell'altra, nonché complesse progressioni armoniche che deambulano per vie traverse.

La personalità di Charles Mingus era come un tizzone ardente, ma la sofferenza, il lutto, la frustrazione e la furia ingabbiata che fuoriescono dalle pieghe dell'album, riflettono non solo una sorta di catarsi personale, ma un esorcismo collettivo. Se non si comprende il periodo storico, soprattutto la rabbia e lotta dei neri per l'emancipazione sociale, difficilmente si potrà penetrare l'essenza di un'opera così articolata musicalmente, lontana anni luce da quelle che erano le canoniche regole d'ingaggio dell'hard bop del periodo.

Il nutrito gruppo di undici elementi aveva già testato «la colonna sonora originale» dell'album e sviluppato il fertile terreno di coltura durante un ingaggio al Village Vanguard, in cui Mingus consentì ai vari strumentisti di sbizzarrirsi, plasmando e modellando ulteriormente le forme sonore ed ampliandone lo spettro evocativo. Accadde però che, in sala, Mingus non rimase del tutto soddisfatto per la resa tecnica delle registrazioni, al punto che il suo rigoroso perfezionismo fece di «The Black Saint And The Sinner Lady» il primo album jazz in cui venne usata la tecnica dell'*overdubbing,* ossia la sovraincisione delle tracce. Il risultato fu eccellente ed avvicinò il contrabbassista al jazz d'avanguardia degli anni '60. Il lavoro effettuato in studio pose un limite ad alcune delle *overdubbed tracks,* le quali non potevano essere eseguite dal vivo, almeno in quella forma.

L'album, registrato il 20 gennaio del 1963 e prodotto da Bob Thiele per la Impulse! Records, è di sicuro un capolavoro d'innovazione, non solo tecnica, uno dei momenti più alti della saga mingusiana. Non è un disco per tutti, per quanti pensano che il jazz sia un trastullo serale per digerire la cena pesante o lenire le paturnie sentimentali. In «The Black Saint And The Sinner Lady» l'impatto sonoro corrode i luoghi comuni e sfalda sequenze genetiche del DNA musicale, manomettendo il protocollo delle abitudinarie trame armoniche fatte in serie: non c'è la Blue Note, ma la rabbia nera ed il tormento dell'anima. *(Charles Mingus - «The Black Saint And The Sinner Lady», 1963).*

Se dovessimo dare una definizione di jazz, in relazione ad un personaggio come Charles Mingus, potremmo affermare, senza tema di smentita, che il jazz sia la musica dell'inquietudine. Ed ora calatevi in una suggestiva dimensione quasi cinematografica. Sono le quattro del mattino, il contrabbassista di Nogales ha appena concluso le sessioni di quello che viene da molti indicato come uno dei suoi capolavori, se non il capolavoro assoluto della sua discografia, «The Black Saint And The Sinner Lady».

I musicisti che avevano preso parte alla registrazione si erano dileguati rapidamente: un pomeriggio ed una notte sul set con il «boss» era una sorta di esercizio snervante, di certo non era quasi mai una passeggiata agevole e spensierata. Mingus era rimasto da solo con la sua inseparabile compagna: l'inquietudine. In verità, con lui c'era un certo Mike, un factotum che lo accompagnava spesso. Montati in macchina, dopo poco, i due si fermano per mangiare qualcosa ad una tavola calda, il classico fast-food americano, quelli che restano sempre aperti anche di notte. Nel locale ci sono pochi avventori, Mingus ha lo sguardo perso nel vuoto, non parla, ma sta rimuginando qualcosa. Forse non è soddisfatto della registrazione, quasi mai lo era: i ripensamenti affiorano alla sua mente come le onde di un mare in tempesta. Qualcosa, però, gli frulla in testa. Poco tempo dopo, organizzò un focoso blitz stile big band rielaborando alcuni classici del repertorio con titoli diversi. «Goodbye Pork Pie Hat», presente in «Mingus Ah Um» venne ribattezzato «Theme per Lester Young», dove il superbo assolo di tenore di Booker Ervin entra di diritto nella storia del jazz moderno, mentre «Haitian Fight Song» da «+ Max Roach» e «The Clown» diventa per l'occasione «Il B.S.» In effetti «Mingus Mingus Mingus Mingus Mingus» avrebbe dovuto essere il primo di un serie di album pianificati per la Impulse! Records.

Sull'onda lunga di «The Black Saint and the Sinner Lady», sulle cui note di copertina l'inquieto contrabbassista aveva scritto che i suoi ascoltatori avrebbero potuto buttare via tutti i dischi precedenti poiché stava per «registrarli nuovamente per questa etichetta nel modo in cui avrebbero dovuto realmente suonare», ma il progetto naufragò con l'album successivo sempre del 1963. Mingus era intenzionato a «ridefinire» sé stesso e la sua musica, quando entrò in studio per «Mingus Mingus Mingus Mingus Mingus», ma non riuscì a mantenere le promesse con l'insolito «Mingus Plays Piano: Spontaneous Compositions and Improvisations», lasciando spaesati i suoi sostenitori, i quali non immaginavano che quello sarebbe stato il modo in cui la musica del nuovo Mingus avrebbe dovuto suonare. La rappresentazione scenica fu quella di un artista confuso e crepuscolare, anche perché «Mingus Mingus Mingus Mingus Mingus» lo aveva celebrato come il degno erede di Ellington, mentre il passo successivo ne avrebbe segnato il declino fisico e mentale ed un periodo di letargo dal 1963 al 1970.

«Mingus Mingus Mingus Mingus Mingus» presenta i due lati del genio compositivo del contrabbassista: quello più intimo, a cui si aggiunge un tocco da film noir, insieme alla sua aura più gioiosa e ottimista dove le sequenze sonore sono la risultante di un caos organizzato, quei momento in cui sembra che tutto possa andare in frantumi, eppure non succede mai, al contrario il fiume della musica continua a fluire, mentre tutti i sodali toccano le «corde giuste» al momento giusto: Charlie Mariano in «Celia» suona il sax contralto in modo sensuale, alla maniera di Johnny Hodges alla corte di Duke Ellington, mentre le linee contorte di Eric Dolphy intensificano e ingrossano la portata di «Hora Decubitus», assumendo un tono di sacralità in «Better Git It in Your Soul», «IX Love» contiene una sezione di «Open Letter to Duke» ma in parte è una rielaborazione di «Nouroog» da «A Modern Jazz Symposium of Music and Poetry», mentre il nuovo arrangiamento alla Ellington di «Mood Indigo» non passa inosservato.

I miglioramenti risultano significativi rispetto alle versioni precedenti, con un ensemble che offre una performance più articolata ed enfatica. È assai evidente, quasi in tutte le tracce, come lo spettro visivo e creativo di Mingus si fosse ampliato, come il nuovo line-up e la produzione di Bob Thiele facessero impallidire alcuni lavori precedente. Mingus stava ovviamente incorporando i nuovi assunti e le nuove istanze di libertà tipiche delle strutture sonore proclamate dalla «New Thing» e dal free-form. Il jazz è un processo in continua evoluzione, un elemento di transizione un dipinto mai finito, una primavera sempre in fioritura. Anche quando tutto sembrava messo a punto, ognuno aveva riposto lo strumento tornando a casa, all'alba l'insonne capitano, seduto al tavolo di un locale scelto a caso lungo la statale con tre scatole di nastri *reel-to-reel* a fianco, si era fermato a riflettere davanti ad una tazza di caffè ed un boccone divorato in fretta, fissando il nulla fuori dalla finestra mentre il sole stava per sorgere. Si potrebbe pensare che l'uomo in genere dovrebbe essere contento del completamento di una sua avventura o di aver appena consegnato ai posteri un'altra opera immortale, ma non Charles Mingus.

Quella notte aveva ancora in mente qualcosa di molto importante per quel gruppo di lavoro, semplicemente non sapeva cosa fosse. Noi l'abbiamo scoperto più tardi con un altro capolavoro: «Mingus Mingus Mingus Mingus Mingus»; quella notte però un sentimento inquietante ed indefinito avrebbe perseguitarlo il contrabbassista; cercò di scrollarselo di dosso, lasciando cadere qualche spicciolo sul tavolo e svanendo nei primi barbagli dell'aurora, ma forse avvertiva che non tutti i sogni e desideri si sarebbero avverati. «Mingus, Mingus, Mingus, Mingus, Mingus» è stata l'ultima importante registrazione degli anni '60 in studio del genio di Nogales e costituisce un vero scrigno di gemme preziose all'interno della sua lunga discografia. «Mingus Plays Piano», uscito subito dopo, fu solo una deriva, l'inizio di un tracollo compositivo e di un lungo coma creativo durato molti anni. *(Charles Mingus - «Mingus Mingus Mingus Mingus Mingus», 1963).*

Gary Giddins scriveva: «*Più di ogni altro compositore jazz della sua generazione, Mingus era disposto e determinato ad affrontare le proprie paure e costringere i suoi musicisti a confrontarsi con le loro. Era dogmatico, pensieroso, demagogico, irriverente, furioso e nostalgico*». Anni fa la Mosaic ha pubblicato «The Jazz Workshop Concerts: 1964–1965», un cofanetto che contiene le performance rare e inedite di alcuni dei migliori line-up di Mingus.

Questi concerti, registrati all'apice della carriera, sono viscerali e spesso non rifiniti e patinati. A volte la musica potrebbe apparire proibitiva per il neofita o l'incauto ascoltatore occasionale: molte tracce oltrepassano i venti muniti di durata e non sono precise ed uniformi come quelle contenute negli album registrati in studio; per contro tali set catturano al meglio quell'elemento di shock, di sorpresa e di rottura che le sessioni ufficiali sembrerebbero trattenere e velare. Il pubblico del contrabbassista non sapeva mai a cosa andasse incontro, assistendo a queste esibizioni. Mingus era notoriamente volubile: licenziava e riassumeva i membri della band nel corso di un set. Una volta fu licenziato anche lui da Duke Ellington per aver inseguito Juan Tizol su palco con un'ascia, dopo un diverbio dietro le quinte con il trombonista ed arrangiatore dell'orchestra che lo aveva etichettato come «*uno dei tanti negri della band incapaci di leggere uno spartito*». Le sue reazioni nei confronti degli spettatori rumorosi non erano mai tenere ed accomodanti.

Il Jazz Workshop, definito dalla critica la Harvard University of Jazz, veniva invece indicato dai vari membri come Jazz Sweatshop (la bottega, il laboratorio dei sudori), in parte perché l'esperienza era abbastanza faticosa ed estenuante, ma soprattutto perché il fatturato del Workshop non era mai così alto, tanto da potersi permettere di pagare bene i musicisti che prendevano parte a tale esperienza; ciononostante per molti di essi, dopo la dura palestra mingusiana, si aprivano le porte della discografia e della notorietà.

Mingus era sempre con loro al timone suonando il basso (e talvolta il piano), le esibizioni del laboratorio spesso somigliavano più a delle sessioni di pratica o a degli esercizi collettivi che non a dei veri concerti. Il contrabbassista faceva tutto ciò che era in suo potere per spingere i collaboratori oltre ogni limite; mentre un musicista stava elaborando un assolo, Mingus era capace di raddoppiare il tempo, tagliarlo a metà o abbandonare completamente l'accompagnamento di basso o di piano, il tutto senza preavviso. Spesso, i musicisti cedevano alla pressione ed i brani s'interrompevano, mentre il burbero capo scagliava al loro indirizzo strali di rabbia e parole di rimprovero davanti a tutti.

Nella maggior parte dei casi i musicisti furono all'altezza della sfida, ma la possibilità di un'improvvisa variabile diede alle performance del Jazz Workshop un senso di aspettativa e di elettrizzante avventura: una sorta di recita teatrale con finale aperto. «Right Now / Live At Jazz Workshop», registrato dal vivo il 2 e 3 giugno 1964 al The Jazz Workshop di San Francisco e pubblicato dalla Fantasy Records, rappresenta solo un frammento delle tante esibizioni, frutto del laborioso incastro di talenti che frequentavano la prodigiosa fucina mingusiana: Clifford Jordan al sax tenore, John Handy al sax alto (solo in New Fables), Jane Getz al piano (nessun legame con Stan, forte, creativa ed ancora adolescente), Danny Richmond alla batteria e naturalmente Charles Mingus al basso.

L'album contiene due lunghissimi frammenti sonori catturati dal vivo, ossia un brano per ogni facciata: «New Fables», alias «Fables of Faubus», della durata di 23 minuti e 15 secondi, marchiato a fuoco da un potente assolo di Clifford Jordan di dieci minuti e secondo una regola d'ingaggio, sia pure equilibrata e non tracimante, che lo stesso Mingus avrebbe definito avant-garde; sull'altro fronte troviamo «Meditation (For A Pair Of Wire Cutters)», una suite fatta di diversi stati d'animo in cui l'intera band eccelle e dove il tocco di John Handy risulta estremamente sentito, profondamente immaginativo e tecnicamente coinvolgente, quasi un vaticinio di ciò che sarebbe accaduto l'anno seguente a Monterey. «Right Now / Live At Jazz Workshop» è un Mingus nel formato club per intenditori, commovente e appassionato, sicuramente imperdibile. *(Charles Mingus - «Right Now / Live At Jazz Workshop», 1964).*

Il tour europeo di Mingus del 1964 determinò una sterminata proliferazione di materiale dal vivo, spesso pubblicato abusivamente, sovente di modesta qualità sonora, in seguito riportato all'ovile dalla vedova allegra Sue Graham Ungaro, che seppe mungere bene le feconde pecore da latte smarrite anni prima dal marito per le contrade del vecchio continente.

Tra le eccezioni vanno segnalati due album, «Mingus In Europa Vol.1 e Vol. 2», tratti dal concerto del 26 aprile del '64 a Wuppertal in Germania e pubblicati dalla ENJA Records in maniera estremamente professionale, compatibilmente con il materiale disponibile. In quel periodo le registrazioni venivano spesso effettuate con il sotterfugio come una caccia di frodo e all'insaputa degli attanti sulla scena: i musicisti non sapevano di essere ripresi, quindi non provavano minimamente a contenere taluni eccessi e certe libertà esecutive e gestuali, emettendo vocalizzi e producendo rumori di ogni tipo.

Queste stampe dell'etichetta tedesca sono ineccepibili ed offrono un'equilibrata gamma tonale, roba da far tremare i polsi ai propugnatori del cosiddetto «vinile audiofilo da 180 grammi», spesso contrabbandato nelle attuali ristampe come una panacea. Merito dell'evoluta tecnologia ed ingegneria musicale teutonica che, in quello scorcio di anni '70, deteneva una sorta di supremazia assoluta, insediata solo dai Giapponesi e basata sul concetto di «Vor-sprung durch», ossia ottenere il meglio attraverso i mezzi disponibi-li.

A differenza della Blue Note, o altre etichette americane, dove in tanti progetti sequenziali si faceva ricorso allo stesso *design* per l'artwork delle cover, usando le medesime note di copertina per entrambi i volumi al fine di risparmiare sul lavoro di stampa, la ENJA pubblico gli album gemelli con un formato grafico differente. I due dischi presentano una diversità rilevante: il primo è stereo, mentre il secondo fu immesso sul mercato in monofonia.

In riferimento al primo volume, Eric Dolphy corre a tutto campo con il sostegno della band, ma il limite di spazio costrinse i tecnici a suddividere i quasi 37 minuti di «Fables of Faubus» su entrambe le facciate: 22 sulla prima e 14 abbondanti sulla seconda con l'aggiun-ta di «Starting» per completare il pacchetto. Di certo la lunga odis-sea sonora di «Fables of Faubus», oltre ad una pungente satira sul governatore dell'Arkansas Orval E. Faubus, diventa una prateria per la libertà espressiva di un gruppo che riesce a declinare senza freni inibitori e con disinvoltura il paradigma sonoro del genio di Noga-les.

Il trombettista Johnny Coles è assente ma zoccolo duro del line-up non ne fa sentire troppo la mancanza: Eric Dolphy al clarinetto alto e basso, Clifford Jordan al tenore, Jaki Byard al piano, mentre dalle retrovie Mingus e Dannie Richmond imprimono le linee guida con metronomico sincronismo.

L'opener «Orange Was The Colour Of Her Dress Then Blue Silk» è una sorta di certificazione con attestato notarile di come la compo-sizione mingusiana e la tipologia di arrangiamento a maglie larghe consentisse ai sodali estrema versatilità sul terreno dell'improvvisa-zione collettiva. L'assolo di Clifford Jordan in questa prima traccia assume il carattere accademico di un case-study, attraverso un semplice ed accattivante ritornello che sviluppa un pacato stato d'animo con folate di surplus eccitativo a salti quantici regolari. Dal canto suo Eric Dolphy è latore di una libertà rivelatrice, emettendo attraverso il suo clarinetto basso vampate di genialità sottovuoto

94

spinto.

«Peggy's Blue Sky Light» e «So Long Eric» (presenti solo sul CD) sono sottoposte al metodo di fermentazione e variazione mingusiana e riproposte attraverso strutture lunghe e complesse rispetto allo standard presente nel disco di studio. A metà dell'album ci s'imbatte in due tagli medi: «AT-FW-YOU» di Byard e la classica «Sophisticated Lady» di Ellington. «So Long Eric» fu inizialmente esclusa dal vinile, probabilmente a causa di alcune problematiche di tipo sonoro come un borbottio di voci al microfono ed un sibilo durante la parte iniziale del tema, ma sono solo inezie se si considera che questi sono gli ultimi documenti insieme, anche con le voci di fondo ed i rumori, di due fra i più grandi geni del jazz moderno: Charles Mingus ed Eric Dolphy. *(Charles Mingus - «Mingus In Europa Vol.1 e Vol. 2», 1964).*

Tutti i dischi di Mingus, a prescindere dalla struttura e dal concept finiscono per emanare un'aura alchemica, attraverso una forza che scaturisce dall'immane contraddizione insita nell'animo del musicista. I dischi del contrabbassista di Nogales appaiono come scene di quadri immaginari, ricchi di fantasmi evocati con ritualità ed attraverso una fitta correlazione armonica mantenuta sempre sul filo del rasoio, talvolta rappresentata con aggressiva e rabbia, ma pronta a placarsi, per poi esplodere in un crescendo cinematografico con finale aperto, talvolta intricato e sconvolgente, altre nitido e seduttivo.

«Tonight at Noon», pubblicato nel 1964, è un lavoro duale e bifronte che nasce dal montaggio a freddo di due distinte sessioni: la prima del 1957 con Jimmy Knepper al trombone, il batterista Dannie Richmond, il sassofonista Shafi Hadi e il pianista Wade Legge; l'altra risale al 1961 con Booker Ervin, Roland Kirk al sassofono, Knepper, il bassista Doug Watkins, Mingus al piano e Richmond alla batteria. In prima battuta la sensazione che i due set producono è sicuramente diversa e destabilizzante, anche se il materiale usato per l'album e tutt'altro che di scarto o scelto a caso.

L'album è una sorta di «Mingus contro Mingus», eccelso compositore, ma uomo irascibile e severo, inquieto, pauroso e diffidente, ma capace di elevare il suo contraddittorio microcosmo a regola d'arte. «Tonight at Noon» era un'espressione tipica nel gergo dei musicisti che evocava il sovvertimento temporale durante i concerti, il capovolgimento delle ore di lavoro, l'inversione nell'ordine delle cose.

Le tracce contenute nell'album provengono da «The Clown» e «Oh Yeah». La prima sessione è imperniata sul blues rivisitato attraverso soluzioni armoniche di matrice euro-colta ed un approccio melodico di tipo hard bop, in particolare la title-track, «Tonight At Noon» che presenta vulcaniche progressioni fra discese, cambi veloci ed improvvise risalite; «Invisible Lady» non è da meno, mentre «Old Blues For Walt's Torin» è segnata dal pianismo mingusiano, insolito ma convincente; la seconda si caratterizza attraverso un procedimento elegante e notturno, dove le continue irregolarità spaziali sembrerebbero trasportare quello che potrebbe mostrarsi come un mero esercizio ellingtoniano verso l'avanguardia, dove le sofisticate armonie lasciano il posto a languide marce e costruzioni blues mantecate e sfumate nel gospel. Tali idee si materializzano nel marcato richiamo di «Peggy's Blue Skylight» o nella mutevole narrazione, quasi psichedelica, di «Passions Of A Woman Loved», certamente il punto più elevato della session del 1957.

Nel set del 1961 Roland Kirk e Booker Ervin risultano particolarmente efficaci e adatti al reciproco completamento: entrambi si muovono trasversalmente, senza mai debordare. La differenza tra le due compagini si avverte, ma sembra quasi che per magia i due elementi di diversità si fondano in un afflato comune trascinati dallo stesso filo conduttore che li accomuna e ne chiarisce gli intrecci come in un intricato plot narrativo, dove emerge la doppia personalità del protagonista in grado di reggere due relazioni diverse, che finiscono per compensarsi essendo lo specchio fedele l'una dell'altra. *(Charlie Mingus - «Tonight At Noon», 1964).*

L'UOMO SENZA MEZZE MISURE

Charles Mingus è stato un musicista senza mezze misure sia a livello musicale che comunicativo, un fiume in piena sulle cui opposte sponde erano sempre schierati incalliti sostenitori e detrattori gli uni contro gli altri armati. È alquanto ozioso soffermarsi su quella sua attitudine diabolica a sfidare il pubblico, cercando di irretirlo o ammansirlo, sovente ne contestava gli atteggiamenti poco rispettosi nei confronti di coloro che si stavano esibendo. Per questo i suoi concerti non sono mai stati una passeggiata su un letto di rose profumate.

Il suo modo talvolta aggressivo gli alienava spesso il consenso di tanti ascoltatori, per contro attirava torme di ammiratori attratti da questo miscuglio di rabbia, musica aggressiva e parole senza mezzi termini. Una cosa è certa: a conti fatti, il suo genio non poteva essere negato o ignorato, anche se ci volle del tempo per abbattere le barriere di talune incomprensioni. Il contrabbassista di Nogales ha ricevuto numerosi riconoscimenti post-mortem, soprattutto molti documenti relativi alla sua attività concertistica sono stati rivalutati ed incanalati nei circuiti ufficiali molti anni dopo la sua dipartita, grazie al proficuo lavoro della vedova ereditiera. «@ Bremen 1964 & 1975» costituisce un pacchetto di registrazioni live che hanno circolato per decenni su dischi pirata, specialmente la performance del 1964, relativa al famigerato tour europeo della primavera di quell'anno. Per contro fu anche la prima uscita ufficiale relativa a quei due concerti, nonché la prima ad essere masterizzata ufficialmente ed in maniera professionale.

Il gruppo del '64 viene spesso considerato il migliore tra quelli che hanno accompagnato Mingus nell'arco della carriera: Eric Dolphy contralto, clarinettista basso e flauto, Dannie Richmond batteria, Jaki Byard piano, Johnny Coles tromba e Clifford Jordan sax tenore.

97

Il quintetto del '75 con il trombettista Jack Walrath, il tenorista George Adams, il pianista Don Pullen ed il batterista Dannie Richmond è però in cima alle preferenze di tanti sostenitori del bassista. Il concerto del 1975 punta sul vantaggio della fedeltà sonora molto più alta, mentre la performance del 1964 ha una maggiore importanza storica. Entrambi i live rendono «Bremen» una pietra miliare dell'attività concertistica di Mingus. La differenza di organico e di collocazione spazio-temporale ci offre la possibilità di analizzare due aspetti significativi dell'attività del genio di Nogales: il cambio di atteggiamento degli ascoltatori e le differenze nella valutazione critica di due esibizioni a dieci anni di distanza l'una dall'altra.

Quella del 1964 fece conoscere i modi irruenti di Mingus ad un pubblico ignaro di quanto potesse accadere; come denota questa sua dichiarazione riportata da Joachim Ernst Berendt in un articolo del 1979: «*In questo paese* - sentenziò Charles Mingus, riferendosi alla Germania Ovest - *percepisco ancora intatto il puzzo delle camere a gas e dei campi di concentramento. Ma non fatevi troppi problemi: gli Stati Uniti d'America sono anch'essi un grande campo di concentramento*».

Il tour del 1964 fu uno spartiacque importante per la carriera di Mingus, anche per la divulgazione continentale della sua musica. Tante date nelle città della vecchia Europa, che disseminarono nei negozi ed al mercato nero una serie di dischi tratti da registrazioni abusive, alcune poi legalizzate. Tutto ciò portò comunque ad una capillare conoscenza della musica del contrabbassista di Nogales mettendo definitivamente in evidenza, anche in Europa, la centralità del suo lavoro nell'ambito della musica del '900. Dovunque Mingus suonasse in mezzo al pubblico c'erano decine di registratori e microfoni nascosti pronti ad immortalare e «rubare» la sua musica. Il tour fu alquanto accidentato e segnato da disguidi ed imprevisti, mentre la vis polemica e provocatoria del bassista era implacabile; diversamente la sua apparizione del 1975 nella città di Brema fu accolta con l'aspettativa e gli onori riservati ad una star del jazz consacrata e riconosciuta.

Mingus non era completamente estraneo all'Europa: notevole fu la sua apparizione ad Antibes nel 1960, come a Londra nel 1961, ma il tour europeo del 1964 è passato agli annali come uno dei più significativi della storia del jazz. Il viaggio fu programmato e supervisionato in maniera mercuriale dal tour manager e agente George Wein, che portò Mingus ad attraversare il vecchio continente da metà a fine aprile: l'arrivo nell'antica città portuale rappresentò il suo debutto in Germania. Come più volte raccontato, questo tour fu anche l'ultimo magnificato dalla presenza di Dolphy, morto a Berlino il 29 giugno di quell'anno.

Il sestetto del 1964 è ineccepibile: la band scalpita su «Fables of Faubus» con un Richmond particolarmente a tiro, «Parkeriana» potrebbe essere considerata la versione definitiva in forma estesa, mentre «Meditations on Integration», della durata di 25 minuti, è una delle più attendibili con la band al completo; la notte dopo il concerto di Brema, a Parigi, il trombettista Johnny Coles collassò sul palco a causa di un'ulcera perforata prima che arrivassero ad eseguirla e dovette abbandonare il tour; sul palco di Brema il lirismo ovattato di Coles ed il suadente tocco di Byard controbilanciano ed illuminano l'ombrosità della melodia riequilibrando il furioso assetto da guerra degli altri quattro sodali.

Mingus e compagni furono accolti il 16 aprile allo Studio F di Radio Bremen da un modesto pubblico costituito da 220 appassionati, peraltro invogliati dall'entusiastica pubblicità radiofonica e diffusa a mezzo stampa. Quasi tutti gli avventori restarono spaesati dall'impatto con la musica proposta: la maggior parte di essi non erano preparati al vocabolario di quell'insolito jazz che univa echi della tradizione agli stili più avanguardistici del post-bop, di cui Dolphy era diventato una sorta di araldo. Il pubblico tedesco, generalmente molto preciso, mal tollerò anche l'inizio del concertò con 45 minuti di ritardo, tensione incrementata dall'atteggiamento antagonista e provocatorio del Barone nei loro confronti, una volta che la band si era posizionata sul palco. Dovettero passare più di dieci anni prima che Mingus facesse nuovamente la sua comparsa sul suolo di Brema, mercoledì 9 luglio 1975, per esibirsi durante il «Forum Junge Musik» organizzato da Radio Bremen all'Oberpostdirektion, un auditorium di proprietà delle Poste che ospitava un pubblico di circa 500 persone.

Dopo essere uscito dall'eremo nel 1972 ed avendo sperimentato un certo numero di ensemble, Mingus aveva individuato un gruppo di lavoro che si adattava alle sue esigenze musicali. Il pubblico di Brema in questa circostanza era preparato all'evento ed al personaggio. La stazione locale, Radio Bremen, aveva suonato la musica del bassista ripetutamente nelle settimane precedenti e la stampa locale aveva dato ampio risalto al concerto, tanto che Mingus e soci al loro arrivo trovarono un ambiente più ospitale ed accogliente.

Il line-up appare compatto e conosce a menadito le intenzioni del Boss ma si mostra più cauto rispetto al gruppo di Dolphy. Ciononostante Adams tenta qualche linea obliqua in «Sue's Changes», ma è una sorta di libertà vigilata; al contrario la dilatata progressione di Don Pullen trascina la band su un terreno non controllato dalla tipica giurisdizione mingusiana. Lo stesso Pullen in «Black Bat and Poles», non appagato e con la complicità di Jack Walrath, tenta una fusione a freddo creando un ibrido di risonanza tra Cecil Taylor e Chopin. La tempestosa personalità di Mingus emerge nei 15 minuti di «Fables of Faubus» meno della metà rispetto a quella del 1964, ma altrettanto rovente e appassionata. Walrath esplora l'intera gamma dello strumento, mentre Pullen dispensa blues a piene mani seguito a ruota libera dal sax di Adams; dal canto suo Richmond costeggia e presidia l'intensità ritmica di Mingus battuta per battuta. I bollori si placano ed i cinque innalzano una sentita elegia sull'altare degli dei con «Duke Ellington's Sound of Love», fino a quando il grido di battaglia non si leva nuovamente con «Devil Blues».

Il quintetto disponeva di un set di pezzi provati e riprovati che sarebbero stati eseguiti in varie combinazioni e con arrangiamenti diversi, soprattutto la maggior parte delle composizioni erano state registrate in studio dal medesimo ensemble per la Atlantic Records nel dicembre 1974 e pubblicate nell'autunno del 1975 negli album «Changes One» e «Changes Two».

I live tedeschi, pur con differenti caratteristiche, si materializzano come instancabili e trionfali maratone vinte con la partecipazione di alcuni fra i più accreditati musicisti dei due decenni. Le esecuzioni non mostrano il minimo decadimento o appassimento della verve del leader. A distanza di tempo ambedue i concerti mantengono la peculiarità di un suono a trazione anteriore. L'unica cosa ad essere realmente cambiata nel lasso tempo intercorso tra le due performance, unite in «Charles Mingus @ Bremen 1964 & 1975», era l'approccio della critica: oltre dieci anni di riconoscimenti e conferme avevano stabilizzato la credibilità di Mingus in Europa e nel mondo. *(Charles Mingus - «@ Bremen 1964 & 1975»).*

Il periodo più creativo di Mingus, pregno di composizioni e di sperimentazioni sia discografiche che concertistiche condotte in svariati ambiti musicali, si concluderà in maniera emblematica proprio con la tournée in Europa dell'aprile 1964, per la quale il musicista aveva assemblato un sestetto formidabile, anche se forse non ancora perfettamente amalgamato: Eric Dolphy alle prese con vari strumenti a fiato, Clifford Jordan al sax tenore, Johnny Coles alla tromba ed una sezione ritmica composta da Mingus al basso, Dannie Richmond alla batteria e Jaki Byard al pianoforte.

Nella filosofia indiana il Karma rappresenta il frutto delle azioni compiute da ogni vivente, in quanto determina una diversa rinascita nella gerarchia degli esseri e un differente destino nel corso della vita successiva. Il karma di Mingus va ricercato nei suoi live, che per alcuni aspetti diventano il risultato della sua azione creativa. Se dovessimo immaginare una reincarnazione di Mingus in un qualunque organismo animato o fisico, la più credibile sarebbe in uno strumento musicale fatto di carne e sangue, gioia ed amarezza, sudore e rabbia, sentimenti e lacrime, passioni e turbamenti, proprio come un essere vivente.

Se è vero che Mingus, nonostante la sua trentennale carriera, il meglio lo abbia espresso a cavallo tra fine degli anni Cinquanta e la prima metà dei Sessanta, la sua più proficua attività concertistica copre più o meno lo stesso periodo, spesso attraverso una serie di documenti discografici non del tutto ufficiali o riconosciuti ex-post dalla moglie Sue. Nella prima metà degli anni '60 il contrabbassista tenne una serie di concerti in lungo e largo per il mondo e per l'Europa, da cui sono scaturite delle vere e proprie perle discografiche, sia pure pubblicate molti anni dopo. Tra i più riusciti, almeno tecnicamente, c'è «Cornell 1964» realizzato con il magico sestetto in cui spiccava la figura di Eric Dolphy. Registrato alla Cornell University di Ithaca il 18 marzo del 1964 venne dato alle stampe su CD nel 2007 dalla Blue Note con la scaletta completa della serata, dopo che la vedova di Mingus aveva trovato il nastro con il materiale che documentava il concerto. Secondo Gary Giddins il sestetto non sapeva di essere registrato e soprattutto nessuno, tranne gli organizzatori e gli studenti che vi assistettero, era al corrente del concerto, per cui risulta tutto alquanto spontaneo.

Sebbene Mingus abbia realizzato dischi capolavoro con ensemble assai più nutriti, il sestetto della metà degli anni '60 contende il primato a qualunque altra band che il contrabbassista abbia avuto al suo seguito. Il ritardo e l'attesa furono compensati da un'ineccepibile qualità sonora e dal fatto che nei due CD siano presenti dieci brani che catturano la band in un momento di grazia e con uno stato d'animo fortemente motivato e gioioso, che gli consente di esplorare agilmente le infinite possibilità offerte delle ingegnose composizioni di Mingus.

Il primo elemento che emerge è che, per iniziare il set, Jaki Byard suoni da solo «ATFW You» (ATFW sta per Art Tatum Fats Waller). Spesso sottovalutato Byard, coetaneo di Mingus, classe 1922, era in grado di esprimersi attraverso stili molteplici, saltando da un idioma all'altro nel mezzo di un inciso e mettendo insieme citazioni provenienti da tutto lo scibile musicale. In «Fables of Faubus», ad esempio, durante suo assolo passa da «Yankee Doodle Dandy» a "Lift Every Voice and Sing» passando per la marcia funebre di Chopin con estrema disinvoltura. Dal canto suo Mingus sfida la forza di gravità del jazz e la soglia del dolore del pubblico con un assolo di basso di oltre cinque minuti in «Sophisticated Lady» di Duke Ellington, roba da far impallidire anche il più temerario dei musicisti rock.

Con Jaki Byard al piano, il sassofonista tenore Clifford Jordan, Johnny Coles alla tromba, il batterista Dannie Richmond ed Eric Dolphy al flauto, sax contralto e clarinetto basso, tutta la band suona come guidata da un fluido telepatico sul resto delle tracce. Alcune interpretazioni sono monumentali, forse le versioni definitive di alcuni componimenti di Mingus elaborati in precedenza al Five Spot, dove il gruppo si era consolidato, e registrati per la prima volta alla Town Hall. Gran parte del materiale venne eseguito anche durante il tour europeo. La carica di diciassette minuti infusa a «Take the A Train» di Billy Strayhorn si caratterizza come una rappresentazione diagrammatica, un disegno a schema libero in cui i singoli musicisti ne uniscono i punti attraverso un arrangiamento in costante mutamento.

Il climax dell'intera performance è «Meditations», più noto come «Meditations on Integration». L'introduzione di «Meditations» è un case-study da cui emerge ancora il geniale modo di suonare di Byard, che sottolinea come Richmond fosse molto più di un normale batterista e che Coles, in qualità di solista, avrebbe potuto suonare qualsiasi cosa. Di particolare rilievo risulta l'interazione tra Jordan e il clarinetto basso di Dolphy: la melodia racchiude ancora una volta il succo del pensiero e dell'ispirazione mingusiana estendendone l'antico lignaggio in un dialogo aperto con il futuro. Il sestetto s'incammina in un viaggio organizzato di mezz'ora attraverso alcuni dei temi più belli del repertorio mingusiano, che si apre con una figura misteriosa suonata con un basso ad arco ed un flauto dall'aura onirica che rammenta vagamente Claude Debussy. Il set emana una festosa esuberanza cogliendo un altro lato del carattere del bandleader, generalmente turbolento e burrascoso. Di rado Mingus appare così a suo agio e rilassato come in questo set. La fiducia nell'ensemble è totale e non avverte il bisogno di spingere, ma solo di incoraggiare e comunicare gaudio e compiacimento.

Nonostante il sestetto suonasse in maniera impeccabile, come testimoniano anche i molti bootleg e i tre rari documenti video delle prove e dei concerti registrati ad Oslo, Stoccolma e Liegi, non sempre tutto era andato liscio come l'olio. Il tour Europeo, in particolare, fu condizionato dalle intemperanze e dall'instabilità umorale del leader e costellato da vari imprevisti che culminarono - come già raccontato - con il ricovero d'urgenza in ospedale di Coles, svenuto sul palco a Parigi la sera di venerdì 17 per una emorragia interna causata da un'ulcera gastrica.

Il sestetto si era esibito ad Amsterdam, Oslo, Stoccolma, Copenaghen, Liegi e in Germania; perfino in Italia a Bologna e Milano, nonché a Parigi in due concerti alla Salle Wagram la sera tra venerdì 17 e sabato 18 aprile e al Théâtre des Champs-Elysées la mattina di domenica 19 aprile; eventi documentati nel memorabile triplo album «The Great Concert of Charles Mingus». Quando il gruppo rientrò negli States, Dolphy non è più al loro fianco. Il multistrumentista aveva deciso di fermarsi stabilmente in Europa, dove intanto aveva formato una sua band insieme al pianista Misha Mengelberg, al bassista Jacques Schols ed al batterista Han Bennink.

«So Long Eric», divenne un presagio, quasi una lettera di addio con affrancatura a carico per Dolphy, ma presto avrebbe acquisito anche il senso di un triste tributo: qualche mese dopo Dolphy morì a Berlino a soli 36 anni, in seguito ad un improvviso coma diabetico. «So Long Eric», per intero «Don't Stay Over There Too Long Eric», era un esplicito invito rivolto dal bassista a Dolphy perché tornasse in pianta stabile con il gruppo di Mingus. La prematura scomparsa dell'amico Eric getterà il contrabbassista nello sconforto mettendo a dura prova la tenuta di una mente instabile e già fortemente provata. Così dopo un paio di insuccessi organizzativi, fino alla fine del decennio, Mingus si ritirerà nel suo eremo fatto di sedute analitiche e psicofarmaci.

Il sestetto è stato probabilmente uno dei momenti collaborativi più elevati della vita artistica del genio di Nogales, poiché più di ogni altro line-up era riuscito a personificarne lo spirito musicale e costruire un ponte tra il passato, il presente e il futuro del jazz, trovando e riannodando i fili che avevano condotto il contrabbassista dalle atmosfere del Cotton Club ai suoni delle avanguardie. *(Charles Mingus Sextet With Eric Dolphy - «Cornell 1964», 1964/2007).*

«Mingus At Monterey», «The Great Concert» e «Mingus At Antibes» rappresentano il trittico per antonomasia dell'attività concertistica del contrabbassista; certamente sono un fulgido esempio di una documentazione dal vivo, dove è possibile cogliere le diverse sfaccettature della musica di Mingus che, in modi diversi, esprime la potenza di una personalità imprevedibile, unitamente ad una non comune capacità di saper ascoltare e rispondere, ma soprattutto valorizzare i vari componenti delle sue band. Va detto che i dischi dal vivo del genio di Nogales hanno una qualità assai diversa, forse artisticamente superiore, rispetto alle magnifiche opere realizzate in studio.

Nei live esiste un rapporto spontaneo e flessibile con il materiale trattato o ritrattato che dimostra un'esplorazione libera e non convenzionale, ma avulsa dal concetto di anarchia tipica degli idiomi allora prevalenti nell'ambito del free jazz. Questa complessità sembra aver impedito a Mingus di ottenere quel plauso che la critica riserva ai musicisti i cui prodotti sono più uniformi ed il cui lavoro richiede meno sforzi e meno pensieri sia a livello di studio che di classificazione. L'aspetto che lega il corpo delle opere dal vivo al Mingus uomo e musicista è rappresentato dall'onestà emotiva ed intellettuale piuttosto che da un particolare suono o stile.

Una peculiarità che, negli anni passati, numerosi critici ed accademici non sembra abbiano saputo o voluto cogliere e valutare. A tutt'oggi permane una certa ritrosia, da parte di molti studiosi e scrittori, a voler trattare ed inquadrare i fenomeni al di là del solito schematismo: disco live/disco in studio. «Mingus At Monterey» coglie il bassista al top della carriera e delle capacità espressive, ossia ad un livello superiore rispetto alla media dei coevi. Siamo alle prese con una performance dal vivo in grado di risucchiare il fruitore direttamente in mezzo alle settemila persone che, in quella domenica pomeriggio del 20 settembre 1964, erano convenute a Monterey attratte dalla crescente nomea del Barone di Nogales e del suo affiatato ensemble.

In prima istanza il protervo contrabbassista fece stampare un'edizione limitata di album relativi al concerto per la sua etichetta, la Charles Mingus Records, vendendoli solo per corrispondenza; a partire dal 1968, il disco arrivò sul mercato ufficiale con la distribuzione affidata alla Fantasy. Sembra che la Capitol, esasperata dalle continue pressioni di Mingus, nel 1971, abbia cancellato i nastri master. Ciò spiega come molte ristampe successive siano poco brillanti e di modesta qualità sonora, poiché non derivate dalle bobine originali. Il disco tratto dall'esibizione al 7° Monterey Jazz Festival è una sorta di *tour de force* ellingtoniano.

Sulla scia della trionfale tournée europea e dei successi ottenuti oltre oceano, Mingus assemblò un ottetto per eseguire alcune delle più suggestive composizioni di Duke Ellington, unitamente a talune gemme del suo portfolio artistico. L'album-concerto si apre con un medley di 24 minuti, un omaggio esteso dedicato proprio ad Ellington, un'inesauribile fonte di ispirazione per Mingus e compagni. Il voicing e lo swing del Duca erano sempre stati una costante nel lavoro del contrabbassista, il quale nel tempo aveva saputo farne una

«cosa sua». Questa capacità di prendere opere importanti e perso-
nalizzarle, rendeva ancora più unico il lavoro Mingus, sia negli arrangiamenti che in fase esecutiva; allo stesso modo le sue composizioni presenti in «At Monterey» brillano di luce propria e si distin-
guono, nonostante il commento politico e le introduzioni talvolta
sconclusionate: «Orange Was the Color of Her Dress, Then Blue
Silk» con gli ispirati assoli al contralto di Charles McPherson, del
trombettista Lonnie Hillyer e del pianista Jaki Byard diventa davvero poetica e ricca di pathos, come assai coinvolgente risulta la lunga, intensa e frenetica «Meditations on Integration» suonata dal-
l'ensemble di 12 elementi al completo, pur risultando emotivamente meno efficace rispetto alla versione in quintetto presente su
«The Great Concert».

Il quintetto base di questo disco: Lonnie Hillyer, Charles McPherson, Jackie Byard, Dannie Richmond e lo stesso Mingus suonarono
insieme, con variazioni di line-up a seconda della disponibilità, dal
1964 al 1970. Mingus celebrò il quintetto con un disco dal titolo
«My Favorite Quintet». Tentare un parallelismo tra «The Great Concert of Charles Mingus» registrato pochi mesi prima e «Mingus At
Monterey» potrebbe essere propedeutico alla comprensione del-
l'adattabilità e dell'ampiezza della personalità musicale di Mingus
e quanto egli fosse reattivo e produttivo in relazione ai musicisti
con cui lavorava regolarmente o i vari line-up adattati ed ingranditi
in relazione a quella specifica data, senza tralasciare i fattori ambientali ed il contesto umano, politico e culturale in cui si esibiva.

Ad esempio in patria le esternazioni del contrabbassista erano più
evidenti che non all'estero, cosi come il suo atteggiamento mutava
a seconda che si trattasse di un'esibizione ufficiale ad un festival o
di un concerto per studenti universitari. Senza Eric Dolphy, ad
esempio, «At Monterey» appare più mainstream di «The Great
Concert», ma molto fruibile dal pubblico generalista dei festival,
meno condizionato e adatto a quel contesto: Charles McPherson
suona meravigliosamente su «Orange Was The Color Of Her Dress,
Then Blue Silk», la versione più riuscita di sempre ed il climax del-
l'album insieme a «In A Sentimental Mood», mentre Lonnie Hillyer

alla tromba deborda in contrasto con la morbidezza del sassofonista. Jaki Byard, così simile a Mingus per suo senso della tradizione,
appare come al solito virtuoso ed enciclopedico. Il basso del leader,
in particolare l'assolo «I've Got It Bad», è una sorta di case-study a
cielo aperto, complice la batteria di Dannie Richmond che ne conosce sogni, ambizioni e desideri più di chiunque altro. Ottimo l'assolo di John Handy, in sostituzione di Booker Ervin, su «A Train». In alcuni punti la qualità della registrazione è tutt'altro che perfetta, ma
la forza espressiva, la liricità e la brillantezza delle esecuzioni com-
pensa ampiamente certe carenze. Questo è l'organico completo:
Charles Mingus basso, pianoforte; Lonnie Hillyer tromba; Charles
McPherson sassofono contralto; Jaki Byard pianoforte; Dannie Richmond batteria; Bobby Bryant, Melvin Moore tromba (traccia 8);
Lou Blackburn trombone (traccia 8); Red Callender tuba (traccia 8);
Buddy Collette flauto, ottavino, sassofono contralto (traccia 8); Jack
Nimitz clarinetto basso, sassofono baritono (traccia 8); John Handy
sassofono tenore (tracce 6 e 8). *(Charles Mingus - «Mingus At
Monterey», 1964/1968).*

LEZIONI DI STILE E DI VITA

Per uno strano paradosso Charles Mingus ebbe poche nomi-
nation ai Grammy Awards: la prima come *best original jazz compo-
sition* per «Black Saint and The Sinner Lady» nel 1962; la seconda
quale *best jazz performance, soloist or small group instrumental*
per «Tijuana Moods» nel 1963; la terza in veste non di compositore
o musicista ma per le note di copertina allegate ad «Let My Children Hear Music», pubblicato dalla Columbia nel 1972. L'opuscolo
allegato è una vera e propria *lectio magistralis* scritta, della quale
prendiamo alcuni stralci ed in cui il bassista spiega che cosa sia, ad
esempio, un compositore jazz.

«*Ogni musicista jazz quando prende in mano una tromba, un basso, un sassofono, una batteria, qualsiasi strumento suoni, quando
comincia ad eseguire una composizione esistente e ad improvvisare
una melodia creativa, quel solista sta prendendo il posto di un compositore. Sta dicendo: ascolta, ti darò una nuova idea completa con
una serie di cambi di accordi; ti darò una nuova concezione melodica di un brano che ti è familiare. Sono un compositore. Questo è
quello che sta dicendo*» (...)

«*Ho notato che ci sono molti tipi di compositori jazz. Per esempio,
ci sono musicisti che prendono semplicemente schemi ritmici e note
molto spartane, un'invenzione melodica molto limitata e suonano
in maniera soul-swinging. Io stesso sono arrivato ad apprezzare i
musicisti che non si limitavano allo swing, ma che inventavano nuovi schemi ritmici, insieme a nuovi concetti melodici. E queste persone sono: Art Tatum, Bud Powell, Max Roach, Sonny Rollins, Lester
Young, Dizzy Gillespie e Charles Parker*» (...)

«*Oggi le cose sono all'altro estremo. Si suppone che tutto sia inventato, i giovani non ripetono mai nulla e probabilmente non potrebbero. Non scrivono nemmeno le loro melodie, le inventano mentre*

sono sul palco. Ma resta da vedere la validità: cosa viene, cosa rimane, dopo aver sentito la melodia e dopo aver sentito l'assolo»
(...)

«Quando ero ragazzino e Coleman Hawkins suonava un assolo, o Il-
linois Jacquet creava Flyin' Home, tutti i musicisti memorizzavano i
loro assoli e li suonavano per il pubblico, perché la gente li aveva
sentiti su disco. Oggi mi chiedo se la maggior parte dei musicisti
siano in grado di ripetere i propri assoli dopo averli registrati su disco. Nella musica classica, per esempio, la gente va ad ascoltare Ja-
nos Starker che suona Kodaly. Non vanno a sentirlo mentre improvvisa su Kodaly, vanno a sentire come è stato suonato su disco e
come è stato scritto. Un tempo il jazz era così: suonavi il tuo assolo,
lo creavi e se valeva la pena poi lo suonavi di nuovo davanti al pubblico. Come dicevo, ogni musicista jazz dovrebbe essere un compositore» (...)

Da giovane ho letto un libro di Debussy in cui raccontava che non
appena finiva una composizione doveva dimenticarla perché gli im-
pediva di fare qualsiasi altra cosa nuova e diversa. Ed io gli ho cre-
duto. Lavoravo con Tatum, e Tatum conosceva ogni melodia scritta,
compresi i classici, e penso che questo abbia ostacolato la capacità
compositiva, perché non era come Bud Powell. Non era melodica-
mente inventivo come Bud. Era tecnicamente appariscente e conosceva così tanta musica e così tanta teoria che non riusciva a trovare niente di sbagliato; era solo un esercizio di teoria (...)

Bud e Bird per me dovrebbero passare alla storia come compositori, anche se hanno lavorato in un contesto strutturato usando composizioni di altre persone. Per esempio, hanno fatto cose come «All
The Things You Are» e «What Is This Thing Called Love». I loro assoli sono nuove composizioni classiche all'interno della forma strutturata che usavano. È un peccato per tutti noi che non abbiano composto spesso l'intero pezzo usando brani di altri musicisti per lavo-
rarci sopra. Se l'avessero fatto, sarebbero stati considerati a livello
di Bartok e Debussy. Bud ha scritto alcune cose e lo stesso ha fatto
Bird, ma erano ancora all'interno dei semplici cambi di accordi a cui
si era abituati: buone strutture melodiche e progressioni armoniche

110

semplici. In altre parole, se avessero creato qualcosa di complesso, sono sicuro che avrebbero potuto sconvolgere il mondo» (...)

«Non ho mai lottato per essere accettato come un grande bassista: immagino che avrei potuto esserlo se fosse stato il mio vero obiettivo. Se la gente conoscesse davvero la qualifica di un buon bassista, andrebbe fuori di testa, perché conosco trenta o quaranta bassisti che usano la mia stessa tecnica. Se siano o meno inventivi è un'altra cosa, perché quando si studia lo strumento, si richiede una tecnica che il jazz non ha ancora cominciato a esprimere, con l'archetto o con il pizzicato» (...)

Nel 1938 Mingus aveva cominciato a seguire le lezioni di armonia e composizione di Lloyd Reese, un afro-americano di estrazione borghese che aveva suonato il sax alto nell'orchestra di Paul Howard, la tromba nell'orchestra di Les Hite e collaborato ad alcuni dischi di Art Tatum. Eccellente insegnante, Reese aveva trasformato la propria abitazione in un punto di incontro fra numerosi giovani musicisti, poi assurti agli onori della cronaca, quali Mingus, Buddy Colette, Dexter Gordon, Eric Dolphy, Ben Webster ed altri. Reese incoraggiava i suoi allievi ad ascoltare ogni tipo di musica non solo jazz, ma anche classica, colonne sonore, folk, R&B ed ogni domenica dirigeva l'orchestra formata dai suoi allievi ai quali da dava da leggere complessi arrangiamenti originali. Grazie agli studi fatti con Reese, Mingus già dal 1939 cominciò a cimentarsi nella composizione dando vita ad alcuni brani di carattere parasinfonico con suggestioni derivanti dal linguaggio tardo romantico europeo e dalla musica per film, come «The Chill of Death» e «Half-Mast Inhibition».

«Parte della ragione per cui sono diventato un compositore - conferma Mingus - *è che ho studiato con Lloyd Reese. Lloyd Reese ha insegnato a Eric Dolphy; anche Harry Carney ha studiato con lui, così come Ben Webster e Buddy Collette, per citarne alcuni. Art Tatum lo raccomandava caldamente. Quando Art scoprì che stavo studiando composizione con Lloyd, mi chiese di andare a suonare per lui. Lloyd Reese era un vero maestro, conosceva il jazz e tutti i fondamenti della musica, quindi poteva suonare qualsiasi cosa».*

In genere vengono segnalati come più importanti gli album che

Mingus ha registrato con dei combo di pochi elementi, rispetto a quando ha cercato di espandere il messaggio sonoro, attraverso orchestrazioni più complesse e con più elementi. «Let My Children Hear Music» è considerato dai più informati ed esperti come un piccolo gioiello nella ricca e frastagliata discografia del contrabbassista, tanto da elevarlo al rango di un Duke Ellington, soprattutto per via della complessità delle partiture, degli arrangiamenti e delle orchestrazioni contenute nel disco.

Che Mingus fosse convinto della validità di questo suo progetto, lo si intuisce dal ringraziamento fatto al produttore della Columbia Teo Macero *«per i suoi instancabili sforzi nel produrre il miglior album che io abbia mai realizzato»*, scrisse il contrabbassista. Dal suo letto di morte in Messico, nel 1979, Mingus mandò anche un messaggio a Sy Johnson, responsabile di molti degli arrangiamenti dell'album, sostenendo che «Let My Children Hear Music» fosse il disco che gli piaceva di più, tra quelli realizzati durante tutto l'arco dalla sua carriera.

In effetti, dopo un'attenta analisi, ci si rende conto che questo lavoro si colloca di diritto ai vertici dell'opera mingusiana e si confronta positivamente e senza complessi con le più riuscite produzioni jazz delle grandi orchestre. Già all'abbrivio si resta incantati, intanto dal titolo, «The Shoes of the Fisherman's Wife Are Some Jive Ass Slippers», ossia *«Le scarpe della moglie del pescatore sono uguali alle pantofole di un coglione»*, che alterna un piacevole ondeggiamento swing ad una bella melodia arricchita da numerosi strumenti.

Nelle note allegate all'album Mingus spiega: *«Su questo disco c'è un brano, «Adagio Ma Non Troppo», che nasce da un assolo improvvisato e di cui sono molto orgoglioso perché per me ha l'espressione di ciò che sento e mostra cambiamenti di tempo e di modalità, eppure le variazioni sul tema rientrano ancora in una composizione. Non è come certa musica dove il musicista esegue otto battute e poi le successive otto battute suonano come se stesse facendo un'altra melodia. Direi che la composizione è nel complesso strutturata come un pezzo di musica classica. Durante i sei o sette minuti in cui è stato composto (in origine al pianoforte), l'as-*

solo rientrava nella categoria di un sentimento, o meglio, di diversi sentimenti espressi come uno solo. Non sono sicuro che ogni musicista che improvvisa possa fare questo. Penso di farlo meglio sul basso, anche se molti in passato non capivano tutta la gamma che esprimevo (...) Il bassista completo padroneggia gli armonici, non intendo solo sfregare le corde l'archetto e produrre suoni striduli (...) Per esempio, il mio sogno è sempre stato quello di mettere dei bassi, o forse due bassi in una sezione di ance, al posto del sassofono baritono. Non ne ho mai avuto la possibilità quindi non potrei mai dire come suonerebbe veramente, è solo nella mia mente che posso dire di sentirlo e funzionerebbe meglio (...) qui ho capito quanto si potesse fare meglio musicalmente, usando l'archetto e sfruttando tutte le possibilità di questo strumento».

Registrato in più sessioni tra settembre e novembre del 1971 con varie formazioni orchestrali, l'album fu pubblicato nel 1972, ma l'idea nasceva da molto lontano. Mingus aveva composto i vari pezzi negli anni, uno addirittura nel 1939. Qualcuno era stato abbozzato in maniera semplice durante i concerti, ma con un numero esiguo di musicisti, mentre questa fu la prima occasione per registrarli con una grande orchestra. Anche in questa circostanza, a causa del carattere di Mingus, che non accettava compromessi, ci furono delle difficoltà. Durante la registrazione i tempi si allungarono e questo generò problemi contrattuali, per cui l'opera si avvalse di arrangiatori e musicisti diversi per completare alcune parti, a cui si aggiunse un lavoro di post-produzione effettuato da Teo Macero, il quale si prese qualche libertà eccessiva, come era accaduto anche con taluni dischi di Miles Davis alla Columbia.

Le parole del contrabbassista sono alquanto eloquenti: «*La musica di questo disco ha a che fare con il mio tentativo di dire che cosa diavolo ci faccio qui (...) Ma principalmente sto dicendo: Conoscete davvero Mingus, voi critici? Questo è un pezzo che ho composto nel 1939 e l'ho scritto così perché pensavo che l'avrei registrato subito in quei giorni. Ma quando devi aspettare trent'anni per registrare un pezzo, che cosa pensate che succeda ad un compositore sincero che deve aspettare trent'anni perché qualcuno suoni la sua musica? (...) Se fossi nato in un altro paese o se fossi nato bianco, sono sicuro che avrei espresso le mie idee molto tempo prima. Forse non sarebbero state così buone, perché quando le persone nascono libere la lotta e l'iniziativa non sono così forti come lo sono per chi deve lottare e quindi ha più cose da dire».*

Oggi il rimaneggiamento in studio appare quantomai normale e di routine, all'epoca veniva visto come una sorta di violazione della creatività dell'autore. Per fortuna, da ascoltatore si dimenticano immediatamente tutti i cavilli, appena la puntina comincia a scivolare fra i solchi. Oltre alla già citata «The Shoes of the Fisherman's Wife Are Some Jive Ass Slippers», si viene avviluppati dalle vorticose profondità di «The I Of Hurricane Sue». Ogni pezzo ha i suoi punti di forza, ma una menzione speciale la merita «Adagio Ma Non Troppo», basato interamente su un'improvvisazione pianistica fatta da Mingus nel 1964 e pubblicata su «Mingus Plays Piano». La sua struttura estremamente logica, che contrasta con la natura giocosa e la bellezza cristallina degli arrangiamenti, la rendono una composizione molto raffinata; il fatto che sia scaturita da un'improvvisazione rende il tutto quasi surreale. «Hobo Ho» di Holy Roller, grazie al focoso sax tenore di James Moody, raggiunge momenti di liricità altissimi. «Let My Children Hear Music» è un'opera imponente, soprattutto imperdibile per qualsiasi appassionato del jazz che si rispetti. **(Charles Mingus - «Let My Children Hear Music», 1972).**

Mingus ha sempre manifestato un odio viscerale nei confronti dei discografici e di certo non lo mandava a dire. In quella che potrebbe essere chiamata eufemisticamente, o sembrare apparentemente, una sorta di mania di persecuzione, c'erano una serie di verità lapalissiane. Nel 1952 aveva provato ad affrancarsi fondando insieme a Max Roach l'indipendente Debut Records, ma l'etichetta ebbe un'esistenza difficile e tormentata.

Il contrabbassista di Nogales non amava essere sfruttato, per partito preso, specie dai produttori bianchi, dagli organizzatori di concerti, ma in fondo questa sua intolleranza allo «schiavista bianco» è alquanto giustificabile, se si pensa a quante angherie, tagli e soprusi Mingus abbia dovuto subire nel corso della carriera; per non

114

parlare delle decine di dischi pubblicati arbitrariamente fuori dal suo controllo, tra cui tanti bootleg legati alle numerose esibizioni dal vivo in lungo ed in largo per il mondo.

Nel caso di questo live del 4 febbraio 1972, registrato alla Philharmonic Hall del Lincoln Center for the Performing Arts e pubblicato lo stesso anno dalla Columbia, nonostante tutti i crismi dell'ufficialità, la perfetta organizzazione e l'elevata qualità sonora, il raggiro ai danni di Mingus avvenne al momento della pubblicazione e per la scarsa considerazione che la casa discografica diede a questo album. Un piccolo imbroglio che parte dall'impaginazione grafica della copertina. Da un punto di vista musicale non siamo di certo vicini al capolavoro e «Charles Mingus And Friends In Concert» è un piccolo enigma avvolto in un mistero e non figura tra gli album dal vivo raccomandati urbi et orbi: il grande ensemble si muove tra hard bop e vecchie reminiscenze legate al primigenio bop, gli arrangiamenti sono alquanto convenzionali e ricalcati sul modello ellingtoniano, tanto che il disco finisce per diventare un'appendice della narrazione musicale mingusiana.

Non è tanto l'aspetto musicale che volutamente sorvoliamo: lo standard qualitativo di ogni produzione dell'uomo di Nogales è mediamente elevato, se non superiore allo standard produttivo del periodo. Il fascino delle big band mingusiane a trazione anteriore nasceva dall'impareggiabile e smisurato senso controllo strutturale delle partiture da parte del bassista, anche e soprattutto quando le sue scelte richiedevano intere sezioni caratterizzate da improvvisazioni libere. Già dagli inizi degli anni Cinquanta, Mingus aveva messo a punto un concetto di improvvisazione collettiva, unica nel suo genere con un metodo quasi «brevettato», tanto da diventare un unicum, distinguibile e non replicabile: a tutt'oggi è difficile suonare bene la musica Mingus senza Mingus.

In «Charles Mingus And Friends In Concert» l'ensemble sembrerebbe fuori controllo ed ognuno eccede per sovrapposizione creando una certa ridondanza; il ritmo generale è vagamente sgangherato, e le melodie ampie e vaporose non sono così definite come in altri album di Mingus, sia in studio che dal vivo. La maggior parte delle interpretazioni sono alquanto fluide. Nello specifico la sovraffollata «E's Flat, Ah's Flat Too» ed in particolare «Little Royal Suite», segnata dalla tromba del giovane Faddis, sembrano più riuscite delle altre. Fra le dieci tracce si staglia sulle altre anche «Mingus Blues», una sentita interpretazione dello stesso contrabbassista e del tenore Gene Ammons; decisamente rilevante anche la versione di «Ecclusiastics», sia come arrangiamento che come performance collettiva.

Si consideri che questo doppio LP dal vivo è incastrato tra due gemme della discografia del bassista: «Let My Children Hear Music» (1971) e «Mingus Moves» (1973). Il dispiegamento di forze fu ragguardevole con una big band a dir poco ridondante, di cui facevano parte firme prestigiose del jazz mondiale come il baritonista Gerry Mulligan, il sassofonista tenore Gene Ammons, gli altoisti Lee Konitz e Charles McPherson, il pianista Randy Weston, il flautista James Moody e tanti altri: da rilevare la presenza di un giovane debuttante, il diciottenne Jon Faddis, chiamato a sostituire all'ultimo momento Roy Eldridge colto da una violento attacco di laringite.

Senza dilungarci sulla genialità musicale di Mingus che non è in discussione, diciamo che il contrabbassista era ritornato in attività dopo un periodo difficile legato ai numerosi problemi di salute fisica e mentale, dunque questo live, organizzato con un dispiegamento di uomini e mezzi senza badare a spese, avrebbe dovuto essere una sorta di rilancio ufficiale. Eppure qualcosa non deve avere funzionato. Sicuramente la Columbia prese la faccenda sottogamba, ecco perché prima si è fatto ricorso al termine «imbroglio».

Si tenga conto del fatto che generalmente le registrazioni live di Charles Mingus con i gruppi di grandi dimensioni erano sempre piene di imprevisti, litigi e mai tecnicamente perfette, spesso venivano corrette e compensate in fase di post-produzione. In tale circostanza sembra che fosse andato tutto bene, ma le note di copertina fanno emergere alcune stranezze: Sy Johnson, l'arrangiatore del concerto, mostra una sorta di riluttanza ad essere orgoglioso del risultato ottenuto dalla band. Ciò deve aver pesato anche sulle scelte della Columbia. All'interno del folder del doppio album non è pre-

116

sente neppure una foto che documenti la serata: dettaglio non tra-scurabile.

Solo qualche anno più tardi i maggiorenti della Columbia, consci dell'errore fatto al momento dell'uscita del disco, nel momento in cui il CD cominciò a soppiantare il vinile nei tardi anni Ottanta, pen-sarono di correre ai ripari. I nastri master originali a 16 tracce ven-nero accuratamente remixati usando il processo di mappatura a 20 bit, mentre i tagli apportati dal primo editing vennero ripristinati con l'aggiunta di oltre quaranta minuti di materiale inedito.

Il concerto venne collocato in una differente prospettiva promozio-nale con una serie di eloquenti dettagli: un assortito book di foto inedite dell'evento saltò miracolosamente fuori, mentre nelle nuo-ve note di copertina le composizioni furono rimesse nell'ordine in cui erano state eseguite, conferendo all'evento maggiore importan-za, soprattutto facendo una certa chiarezza. Forse tutto questo sa-rebbe dovuto accadere una quindicina di anni prima: ecco il raggiro nei confronti di Mingus.

Tutto sommato il concerto, con un titolo da commilitoni, aveva la fi-nalità di una rinascita e di un ritorno in pompa magna di Mingus nel circuito musicale attraverso la forza amicale di persone, prima che musicisti, che stimava e con cui gli piaceva suonare. Al netto di ogni congettura si parla di un cast stellare. *(Charles Mingus - «Charles Mingus And Friends In Concert», 1973)*

CHARLIE MINGUS
TIJUANA MOODS
Released for the first time...The album Charlie Mingus feels
is his best work, in which he and his men re-create
an exciting stay in Mexico's wild and controversial border town.

MINGUS OH YEAH

OH LORD DON'T LET THEM DROP THAT ATOMIC BOMB ON ME

ECCLUSIASTICS

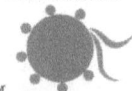

HOG CALLIN' BLUES   WHAM BAM THANK YOU MA'AM

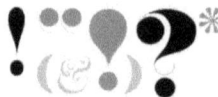

PASSIONS OF A MAN   EAT THAT CHICKEN   DEVIL WOMAN

IL LUNGO VIALE DEL TRAMONTO

Tutti i dischi di Charles Mingus vanno considerati come i tanti capitoli di un libro, un racconto che abbraccia una lunga storia fatta di unicità. «Moves» del 1973 segnò il ritorno all'Atlantic del contrabbassista seguito da un eccellente gruppo di gregari: il trombettista Ronald Hampton, il sassofonista George Adams, il pianista Don Pullen e l'inseparabile batterista Dannie Richmond, fedelissimo di lunga data.

Mingus sapeva chiaramente di avere a bordo alcuni uomini di talento e invece di solcare il mare magnum di quei lunghi pezzi che aveva spesso esplorato nei suoi «laboratori jazz», optò per sette brani di medio taglio: solo tre componimenti sono attribuibili a Mingus, ma tutto lo sviluppo musicale è fortemente influenzato dal suo stile ricercato e imprevedibile; gli altri quattro brani furono scritti da George Adams, Don Pullen, Doug Hammond e Sy Johnson. Considerando che gli anni '70 furono un periodo assai problematico per il jazz acustico, l'integrità e l'intelligenza creativa che si possono evincere da questo set, non solo sottolineano la coerenza e la genialità di Mingus, ma l'ascoltatore si trova alle prese con un ennesimo capolavoro.

Mentre molti grandi del jazz erano spariti, «Moves» si dimostra addirittura profetico. Il batterista Dannie Richmond, il tenore George Adams ed il pianista Don Pullen, in seguito dimostreranno di essere avanti rispetto ai loro tempi: si pensi alla forza incendiaria del gruppo Pullen-Adams, i cui semi piantati in questa session furono a lungo coltivati fino agli anni '80. Tra i punti salienti dell'album merita una particolare menzione «Wee», un'escursione di nove minuti, dove Adams esplora il registro superiore del tenore con una forza lirica ed un vigoroso pathos. Al contrario, per quanto intenso possa risultare il suo lavoro sul sax tenore, il tocco sul flauto esprime delicatezza e bellezza. «Newcomer» scritta da Pullen ne è un esempio lampante. Ed è proprio il pianista Don Pullen con le sue note stropicciate a mettere il marchio di fabbrica sulle composizioni di Mingus come «Opus 3» ed «Opus 4», nonché «Flowers For a Lady» di George Adams. Superlativa la title-track con le voci di Honey Gordon e Doug Hammond, le quali creano un'atmosfera arcana ed avvolgente. «Moves» è un album determinante per avere una visione più completa dell'opera mingusiana. *(Charles Mingus - «Moves», 1973).*

Come già raccontato, colpito da gravi problemi di salute, a metà degli anni '60, Mingus aveva dovuto fare un passo indietro e prendersi una pausa, restando fuori dal giro per lungo tempo fino al 1973, anno del succitato «Moves». Il 1974 il contrabbassista optò ancora per il formato quintetto con il fedele Dannie Richmond alla batteria, Don Pullen al piano, George Adams al sax tenore, sostituendo Ronald Hampton con Jack Walrath alla tromba. Con questo line-up, usando il materiale registrato nella stessa sessione dell'ottobre del '74, l'anno successivo il contrabbassista pubblicò per l'Atlantic Records due album, subito acclamati dalla critica, «Changes One» e «Changes Two», i quali gli consentirono di ritrovare la strada del consenso.

Il titolo nasce dalla modalità di composizione caratterizzata da repentini cambiamenti di atmosfere e di tempi, dovuti al rincorrersi di temi appena accennati, non completamente sviluppati e con arrangiamenti a maglie larghe, propedeutici ad una sorta di by-play da parte dei singoli musicisti, i quali furono liberi di esprimersi e di cambiare rotta velocemente sotto gli impulsi e le indicazioni provenienti dal contrabbasso del band-leader. Dal canto suo Don Pullen al pianoforte fece da collante a quelli che appaiono come i tanti tasselli di un mosaico sonoro da tenere insieme, sostenuto dalle retrovie da un Dannie Richmond in grande spolvero, specie nei cambi di passo. George Adams rappresenta il grido disperato di Mingus, la sua ribellione, la sua insofferenza, ma anche la sua quiete dopo una tempesta di note. Il sassofono diventa una voce in campo che descrive i momenti dell'album come un io narrante.

«Changes One» ebbe un plauso maggiore rispetto al fratello gemello. Il materiale contenuto nel primo frammento discografico risultò molto più d'impatto: «Duke Ellington's Sound of Love» è una splendida ballata scritta come necrologio in memoria del suo idolo di sempre che era da poco scomparso. Racconta Mingus: «*Ero giovane e spensierato, nessuna canzone aveva raggiunto la mia anima. Perso nel blues, nel jazz e nel ragtime, nessun suono si avvicinava al mio stato d'animo. Ero alla ricerca della mia personale melodia, amore e blues che mi facessero innamorare. Completamente solo, triste pagliaccio con il suo circo definitivamente chiuso. Perso nel mio vagabondaggio, una melodia ardente raggiunse il mio cuore. Mi insegnò a percepire la musica che nasce dall'amore e dall'anima, in questa vita infinita che noi viviamo con l'amante e con l'amata. Come in un ellingtoniano suono d'amore*». Il brano contiene citazioni letterali di alcuni componimenti di Ellington «Lush Life», «Blues in Black, Brown and Beige» e «Take the A-Train». Mingus non era nuovo ad operazioni di questa natura: amava intrecciare o citare brani del repertorio classico, spesso li innestava all'interno di composizioni inedite.

«Sue's Changes» è dedicato a colei che l'ha sopportato ed accompagnato negli anni più difficili della sua esistenza, l'ultima delle sue mogli, Susan Graham, donna dal carattere tenace e di non comune intelligenza, che saprà gestire in futuro l'immenso patrimonio musicale del marito. «Remember Rockefeller At Attica» è un'altra caustica bordata politica sulla falsariga di «Fables of Faubus», che viene citato. Il riferimento va ad una rivolta carceraria avvenuta a New York nel 1971 in cui il governatore Nelson Rockefeller ordinò di prendere d'assalto la prigione. Negli scontri persero la vita 39 persone, la maggior parte detenuti di colore. Lo stesso tema venne ripreso anni dopo, nel 1972, da Archie Shepp nel suo capolavoro «Attica Blues», riportando alla mente lo scenario delle carceri di Attica, teatro di violenze e repressioni nei confronti dei neri. «Devil Blues», scritto in collaborazione con il sassofonista George Adams, affonda le radici nella musica gospel, soul e blues, con Adams che interpreta il ruolo di un tradizionale «urlatore nero». Per maggiore completezza si consiglia di ascoltare anche il secondo volume, «Changes Two», che contiene i medesimi ingredienti del primo. *(Charles Mingus - «Changes One / Two», 1975).*

Il 1° aprile del 1976 Mingus varcò la soglia del Dirmaphon Studio di Roma con l'intento di registrare la musica per il film «Todo Modo». In studio con il contrabbassista c'erano Jack Walrath alla tromba, George Adams al sax tenore e flauto alto, Quarto Maltoni al sax contralto, Anastasio Del Bono all'oboe ed al corno inglese, Roberto Lanieri al clarinetto basso, Pasquale Sabatelli al basso, Dino Piana al trombone, Danny Mixon al piano e organo e Dannie Richmond alla batteria. La composizione di Mingus commissionata dal produttore del film venne rifiutata dal regista Elio Petri che gli preferì Morricone. Sembra che Petri sia stato condizionato dal parere di Renzo Arbore, il quale era legato sentimentalmente alla protagonista del film, Mariangela Melato.

Filippo Bianchi, su Musica Jazz N.10 dell'ottobre 2004, racconta così l'episodio: «*Secondo le intenzioni del produttore Daniele Senatore, la colonna sonora del film doveva essere affidata a Charles Mingus. L'accordo con il musicista era stato possibile grazie alla sinergia tra la Warner, che si era impegnata nella distribuzione del film all'estero, e la WEA-Atlantic, casa discografica che teneva all'epoca Mingus sotto contratto. Nel 1976 Mingus, invitato a Roma con la sua band, nel giro di un paio di giorni registrò le musiche da destinare al film sulla base di generiche indicazioni sulla trama fornitegli dal produttore e, con l'occasione, tenne anche alcuni concerti. Abbastanza contrariato per il fatto che Petri non aveva voluto mostrargli alcun fotogramma girato, il musicista fu invitato dal produttore direttamente sul set, anche se Petri continuava ad essere ostile al progetto. In quella occasione poté finalmente vedere alcune scene e registrare delle improvvisazioni che avrebbero dovuto completare il commento musicale al film*».

La consulenza di Arbore, il quale definì la musica di Mingus «roba vecchia riciclata», potrebbe essere stata importante, ma non determinante: Elio Petri non era un conoscitore del jazz ed Ennio Morricone in quel periodo incarnava la figura dell'autore di punta delle colonne sonore, apprezzato e riconosciuto nel mondo cinematografico a livello mondiale.

Era già sicuramente nelle prerogative del regista optare per un'altra tipologia di musica, mentre l'infelice presa di posizione di Arbore, uomo di clarinetto e nostalgico delle big band, sottolinea solo la sua ristretta visuale rispetto alle avanguardie del jazz e ad un personaggio innovativo come Mingus, che con tutto il rispetto per Ennio Morricone, avrebbe dato senz'altro lustro ed eco ad un film oltremodo grottesco, surreale e confusionario, ispirato all'omonimo romanzo di Sciascia che Petri, per sua stessa ammissione, snaturò nella narrazione: «*Forzai le mani di Sciascia anche nel tono del film...*». Il risultato fu una satira sconclusionata e noiosa, con dei tempi cinematografici lenti e penosi. Sicuramente la musica di Mingus ne avrebbe fortificato la struttura.

Il racconto di Filippo Bianchi prosegue così: «*La decisione definitiva del regista di scartare le musiche composte da Mingus maturò quando, in fase iniziale di montaggio, i brani furono sottoposti all'ascolto di Renzo Arbore, allora compagno di Mariangela Melato. Arbore sostenne che la partitura era una patacca, che si trattava di materiale scartato dallo stesso Mingus in occasione di lavori precedenti e riciclato per l'occasione, e che in ogni caso non si addiceva al clima del film. Petri a quel punto decise di interpellare Ennio Morricone che, nel giro di pochi giorni, gli fornì una partitura ispirata alle opere di Olivier Messiaen, come egli stesso chiedeva*».

«Cumbia and Jazz Fusion» non è un album per i novizi o per ascoltatori occasionali di jazz. Al netto del contenuto musicale, parliamo di un album storicamente importante, poiché può essere considerato il vero ultimo lavoro di Mingus, in cui il bassista-compositore è presente fisicamente e suona durante le sedute. Il titolo potrebbe essere aleatorio e, con buona probabilità, servì a giustificare l'evidente diversità musicale presente nelle due distinte facciate dell'album.

In realtà non è un disco fusion, almeno come lo si potrebbe comunemente intendere, se non nella fusione di elementi differenti: perfino nel suo aspetto duale e nella sua apparente diversità rispetto ai classici lavori per la Columbia o la Candid, è un disco stimolante e sofisticato che ribolle di passione, attraverso una narrazione costruita su un groove naturale ed un sound cablato dagli aspetti più sensuali dell'uomo. «Cumbia and Jazz Fusion» ha un'anima, soprattutto c'è Mingus in tutta la sua spettacolarità: solo due tracce (lato A / lato B) come una suite fatta di movimenti distinti ma ben concatenati, da una parte perfetti e coinvolgenti tocchi di esotismo e ritmi tropicali, dall'altra un'atmosfera quasi ecclesiastica ed una propulsiva jam post-bop.

«Cumbia and Jazz Fusion», dopo un'estesa introduzione di percussioni latine con campane, tintinnii e frulli di colorati uccelli che svolazzano in una fantomatica giungla, mentre un bongo scandisce il tempo, si sente una voce che declama: «*ah ah Cumbia, ah ah Cumbia*». Il lungo composto sonoro si snoda per mezz'ora di fila senza mai perdere il nesso logico, partendo da un potente apporto ritmico quasi forsennato per almeno un terzo, prima di lasciare spazio ad un groove più frastagliato che sfuma gradualmente in una sorta di trance sonora che chiama a raccolta tutti i sodali, i quali scendono a più miti consigli, forse per salvaguardare la «mano stanca» del boss che non era più quella di una volta. Il tutto si regge su un umore decisamente *roots* che rimanda alla Grande Madre Africa. Le due differenti progressioni ritmiche sono intervallate da un assolo di piano che si colloca proprio sulla linea di confine tra desiderio di divertimento e profondità emotiva. Non è certamente il miglior Mingus ma è quello di sempre e la lunga suite non sfigura se accostata ai classici della sua discografia.

«Music For Todo Modo» riflette fin troppo chiaramente le sue finalità, poiché nasce come commento sonoro cinematografico: le sezioni bop, per quanto a trazione anteriore, sono più simili al Mingus degli anni '50 e l'unica punta di satira politica è espressa con la stessa divertita minaccia di «Original Faubus Fables» del 1960.

Anche questo lavoro, nella sua proditoria ambiguità, testimonia come Charles Mingus sia stato semplicemente uno dei più illuminati ed originali compositori jazz di tutti i tempi. Nell'ambito del *ranking* complessivo di popolarità, il contrabbassista viene spesso

124

adombrato da artisti più fruibili e, per quanto immensi, meno complessi musicalmente come Charlie Parker, Miles Davis e John Coltrane. Analizzando però la varietà dell'opera mingusiana, la ricchezza delle partiture, l'imponenza degli arrangiamenti e delle orchestrazioni, si potrebbe affermare senza tema di smentita che il genio di Nogales sia secondo solo a Duke Ellington. Lungi dal voler fare classifiche da giornale della domenica, si potrebbe perfino sottolineare il fatto che le tre genialità degli illustri colleghi succitati messe insieme non riuscirebbero a colmare il mare magnum dell'oceanica creatività di Mingus. *(Charles Mingus - «Cumbia and Jazz Fusion», 1977)*

Siamo nel 1977 ed il jazz moderno ha già detto tutto ed il contrario di tutto, anzi spesso appariva intrappolato in vicolo cieco senza via di scampo. Il merito di Mingus fu quello di aver portato il jazz dei suoi tempi migliori in un contesto di attualità, senza snaturarne l'essenza: il burbero Charlie, dall'alto della sua regalità, era sempre Mingus, un Re Mida in grado di trasformare il vile metallo in oro massiccio; dunque una chitarra elettrica che si adatti alla perfezione al contesto, val bene una messa, o una mossa solo apparentemente azzardata. In verità le chitarre elettriche presenti nel disco sono tre ed offrono al contrabbassista una possibilità di adattamento all'humus sonoro del periodo.

«Three Or Four Shades Of Blues» non è certamente il lavoro più rappresentativo di Mingus, ma ha qualcosa di fortemente attrattivo, se collocato nella dimensione spazio-temporale in cui si è sviluppato. Il titolo dell'album è emblematico: del blues non ci sono, però, solo tre o quattro ombre ma la sostanza piena e tangibile. Mingus gioca sempre sul suo terreno di elezione e la forma espressiva degli strumenti si adatta costantemente al suo modus operandi. La composizione è fluida e magistrale, in particolare nella title-track, in apertura della B-Side, dove l'espansione creativa si srotola per più di 12 di minuti in una bolgia di suoni acidi, stemperati dal melodico incedere dei fiati, tra suggestioni funkified e post-bop in odor di new thing.

Le chitarre aggiungono un fattore di diversità, ma sono tenute a bada dall'insieme che ubbidisce ai voleri del capo, foriero, sia pure in maniera obliqua, delle solite orchestrazioni alla Mingus impiantate su un terreno solo apparentemente più impervio e non recintabile; a seguire «Nobody Knows», un up-tempo di oltre 10 minuti, impostato su uno swing velocizzato ma con un inciso melodico a presa rapida.

La prima facciata si apre con una rivisitazione di due storici pezzi del contrabbassista. «Better Git Hit In Your Soul» riproposta con una tempra autenticamente blues, ma Philip Catherine e Larry Coryell aggiungono qualche connotazione più rock; a seguire «Goodbye, Pork Pie Hat» ed, infine, «Noddin' Ya Head Blues», tipici costrutti bluesy assai orecchiabili ed accattivanti in possesso della classica scintilla melodica brevettata da Mingus.

Ottimo contrappunto orchestrale, perfetto equilibrio tra scrittura e improvvisazione: sassofono contralto Sonny Fortune (traccia: A2), sassofono contralto e sassofono tenore George Coleman (tracce: da A1 a B1), basso George Mraz (tracce da A1 ad A3), Ron Carter (traccia B2), chitarra John Scofield (tracce: B1 e B2), Larry Coryell (tracce: da A1 a B1), Philip Catherine (tracce: da A1 a A3 e B2), Piano Bob Neloms e Jimmy Rowles (traccia: B1), sassofono tenore Ricky Ford, tromba Jack Walrath e Batteria Dannie Richmond. *(Charles Mingus - «Three Or Four Shades Of Blues», 1977).*

L'atto finale della discografia del genio di Nogales nasce in un contesto estremamente desolante. In quei giorni, durante le sedute per la registrazione di «Me, Myself, An Eye», Mingus era su una sedia a rotelle consumato dal terribile morbo che aveva limitato molte delle sue facoltà, soprattutto quella di poter imbracciare il suo grosso strumento e partecipare al set. L'immagine è assai triste, ma la presenza del genio di Nogales permea tutta la musica di questo album che è diventato come un vero canto del cigno, un consapevole addio alle armi: da lì a poco avrebbe lasciato questa valle di lacrime per trasferirsi in una specie di Valhalla, un paradiso laico non più governato dagli umani ma dagli Dei, un altrove che ospita tutte le divinità pagane che consumano la propria esistenza fra demonio e santità, proprio come Charles Mingus aveva fatto.

126

Nonostante fosse già gravemente malato, il Barone fu comunque una presenza determinante in studio. Gli arrangiamenti e le orchestrazioni vennero realizzati dal trombettista Jack Walrath sulla base dei nastri di prova registrati e degli schizzi di pianoforte redatti dal contrabbassista. Il titolo nasce dall'idea di quella presunta tridimensionalità mingusiana, una sorta di uno, bino e trino, una santissima trinità, una sacra Trimurti del jazz. «*In altre parole, io sono tre*», è questo l'incipit dell'autobiografia di Charles Mingus, riferita alle sue diverse incarnazioni: l'uomo vulnerabile, l'uomo arrabbiato e appassionato, l'osservatore. Avrebbe potuto dire trentatré, o tre per trentatré: i lati della sua personalità erano infiniti, molte teste sembravano parlare in sua vece, ma sotto un unico denominatore, ossia le sue composizioni dalle tante espressioni e dalle mille sfumature, un coro di voci potenti, personali e quasi mai prevedibili o convenzionali.

Mingus era attaccato al concetto di «tre»: una delle sue classiche ballate ha per titolo «Self-Portrait in Three Colors». L'Atlantic avrebbe voluto intitolare l'album «Me, Myself And I», ma venne corretto in «Me, Myself An Eye», che dal punto di vista fonetico creava il medesimo effetto, dopo che Mingus aveva comunicato alla casa discografica il suo disappunto, dicendo loro che non capivano niente e che «Me, Myself, An Eye» si riferiva a «*L'occhio di dio. L'occhio di colui che guarda*». Tra il 18 ed il 23 gennaio del 1978, Charles Mingus condusse le tre sedute di registrazione che diedero vita agli ultimi due lavori, «Something Like a Bird» ed il più noto «Me, Myself An Eye». Entrambi furono realizzati con un ensemble molto allargato, nel quale lo storico contrabbassista figurò, come già detto, esclusivamente come compositore e leader, non essendo più in grado di suonare lo strumento per il progredire della malattia.

Ad onor del vero va detto che nell'album in oggetto, l'assenza strumentale e fisica di Mingus al contrabbasso si sente, sebbene i musicisti che lo sostituirono fossero figure di indubbio valore: purtroppo nel jazz la somma non fa il totale. L'enorme band, a tratti, sembra ingombrante e gli arrangiamenti appaiono limitare il costrutto crea-

tivo di Mingus piuttosto che esaltarlo, soprattutto perché negli ultimi anni della sua attività il contrabbassista aveva cercato di cogliere
l'essenzialità della sua musica attraverso formazioni ridotte.

Di certo il Mingus nella sua fase terminale aveva iniziato a strizzare
l'orecchio e l'occhio alla fusion, attraverso l'uso di chitarre elettriche, ma soprattutto i quattro lunghi brani contenuti nell'album
sono una summa delle varie fasi di sviluppo del linguaggio mingusiano.

«Three Worlds of Drums», che copre un'intera facciata per una durata di oltre 30 minuti ed in cui ritorna il concetto di «tre», è un
lungo viaggio nell'amato Messico, una terra legata in maniera ombelicale alle fasi importanti della vita di Mingus: dalla nascita a Nogales (città di frontiera) fino alla morte avvenuta a Cuernavaca,
dove riaffiorano le sonorità di «Tijuana Moods» e «Cumbia and
Jazz Fusion». Al contrario «Devil Woman» e «Wednesday Night
Prayer Meeting» riportano in auge il repertorio più consolidato del
contrabbassista, ossia il momento aureo con l'Atlantic in cui, tra il
1956 ed il 1961, nacquero opere memorabili, in particolare «Blues
and Roots» e «Oh Yeah», dalle quali le due tracce in esame provengono. La conclusiva «Carolyn Keki Mingus» rappresenta la tipica
ballata del filone più crepuscolare del bassista.

Nonostante il vasto numero di musicisti impiegati che suonarono
come se fosse l'atto più importante o definitivo della loro carriera,
il climax sonoro ed emotivo non raggiunge le vette scalate con or-
ganici più ristretti; così come i contrabbassisti Eddie Gomez e George Mraz, per quanto abili, non riescono ad imprimere quella spinta
o quel pathos, nonché l'emotività che scaturiva dal drive mingusiano nota per nota. Questo, unito ad una qualità ritmica molto particolare, era ciò che distingueva Mingus da chiunque altro, soprattutto perché i suoi gruppi non suonavano mai in modo confortevole e
la sua presenza fungeva da fluidificante, collante e calmante. Solita-
mente gli attacchi degli ottoni non venivano «quantizzati» al ritmo,
ma gli strumenti seguivano perfettamente il tempo. Per dirla in sol-
doni, si sente la mancanza di quella collaudata complicità tra Mingus ed il suo batterista di elezione Dannie Richmond, in queste se-

dute coadiuvato dai batteristi Steve Gadd e Joe Chambers e dai percussionisti Sammy Figueroa e Ray Mantilla, particolarmente nel lungo excursus di «Three World of Drums».

Da rilevare un eccellente assolo di Michael Brecker in «Devil Woman» ed un indelebile contrassegno sonoro fissato da Lee Konitz in «Carolyn Keki Mingus», mentre le chitarre e anche gli effetti elettronici procurati da Larry Coryell, Ted Dunbar e Jack Wilkins contribuiscono a creare «muri sonori» che separano gli assoli di batteria e di percussioni. In «Me, Myself An Eye» non c'è fisicamente la mano di Mingus, ma ci sono il cuore, la mente e l'anima, i «tre» elementi cardine della sua personalità; non un *magnum opus* per antonomasia, ma è certamente un album da annoverare nel catalogo essenziale del genio di Nogales.

Questo il nutrito ensemble che partecipò alle sedute di registrazione: Ken Hitchcock (sax soprano, sax contralto); Lee Konitz (sax contralto); Yoshiaki Malta (sax contralto); Akira Ohmori (sax contralto); Daniel Block (sax tenore); Michael Brecker (sax tenore); Ricky Ford (sax tenore); John Tank (sax tenore); George Coleman (sax tenore); Pepper Adams (sax baritono); Ronnie Cuber (sax baritono); Craig Purpura (sax baritono); Randy Brecker (tromba); Mike Davis (tromba); Jack Walrath (tromba); Jimmy Knepper (trombone); Slide Hampton (trombone); Keith O'Quinn (trombone); Larry Coryell (chitarra); Ted Dunbar (chitarra); Jack Wilkins (chitarra); Bob Neloms (pianoforte); Eddie Gomez (contrabbasso); George Mraz (contrabbasso); Joe Chambers (batteria); Steve Gadd (batteria); Dannie Richmond (batteria); Sammy Figueroa (percussioni); Ray Mantilla (percussioni); Paul Jeffrey (direzione). *(Charles Mingus - «Me, Myself An Eye», 1979)*.

Nonostante «Something Like A Bird» non fu mai esaltato dalla critica e, forse non rientra neppure nel novero dei classici per antonomasia del contrabbassista di Nogales, sottolinea due importanti aspetti: il primo di tipo umano, non trascurabile, che dovrebbe suscitare la massima ammirazione per l'uomo-Mingus, un musicista incontenibile il quale non si arrende fino all'ultimo respiro, pur consapevole che la sua ora fosse già segnata; in secondo luogo parliamo di un album pubblicato post-mortem in cui il bassista-composi-tore non prende parte fisicamente al set suonando, ma ne segue lo svolgimento da una sedia a rotelle. Ciononostante di lui permango-no il cuore e l'anima in ogni nota contenuta nei microsolchi, tanto che il materiale può essere tranquillamente accorpato all'opera omnia mingusiana.

«Something Like a Bird» fu registrato nel 1978 con Mingus già in-fermo, durante le stesse sessioni che diedero vita a «Me, Myself An Eye» uscito per l'Atlantic, nel 1979, del quale può essere considera-to una sorta di disco gemello o un sequel. Anche se confinato su una sedia a rotelle ed a meno di un anno dalla sua morte, Charles Mingus, nel gennaio 1978, seguì le sedute di registrazione presso gli Atlantic Recording Studios di New York; le orchestrazioni e gli ar-rangiamenti erano stati realizzati da Jack Walrath per la title-track «Something Like a Bird Parts One and Two» e per «Farewell Far-well» (il cui titolo è quasi un addio) da Paul Jeffrey sotto la supervi-sione del bassista e da lui personalmente dettati attraverso l'uso di nastri e schizzi per pianoforte. Mingus venne accreditato come di-rettore del set, quindi che vi abbia suonato o meno appare super-fluo: è notorio che tutto fu eseguito secondo sue specifiche indica-zioni.

Prodotto da Ilhan Mimaroglu e Raymond Silva, il set utilizzò una big band di 27 elementi (inclusi 11 sassofoni e quattro chitarre) per i 31 minuti di «Something Like a Bird» e un'orchestra ridotta di 21 ele-menti (solo nove sassofoni e tre chitarre) per «Farewell Farwell». Un dettaglio che ha soprattutto una connotazione ed un valore di tipo umano: conoscendo le difficoltà e le condizioni di Mingus, sembra che in quei giorni tutti volessero suonare con lui e soste-nerlo nella fase terminale dell'esistenza, dando importanza e spes-sore a questi ultimi progetti che a tratti appaiono troppo carichi, vi-vaci e sovraffollati.

Per «Something Like A Bird», l'8 gennaio, salirono sul set: Ken Hit-chcock sax alto e soprano; Lee Konitz, Charles McPherson e Akira Ohmori sax alto; George Coleman sax alto e tenore; Daniel Block, Mike Brecker e Ricky Ford sax tenore; Pepper Adams, Ronnie Cuber e Craig Purpura sax baritono; Randy Brecker, Mike Davis e Jack Walrath tromba; Slide Hampton e Jimmy Knepper trombone; Larry Coryell, Ted Dunbar, Danny Toan e Jack Wilkins, chitarre; Ken Werner piano elettrico; Bob Neloms piano; Eddie Gomez e George Mraz, basso; Joe Chambers e Dannie Richmond, batteria; Ray Mantilla percussioni.

«Farewell Farwell» fu registrata il 23 gennaio 1978, con il seguente line-up: Ken Hitchcock sax alto e soprano; Lee Konitz, Yoshiaki Malta e Akira Ohmori sax alto; Daniel Block, Ricky Ford e John Tank sax tenore; Pepper Adams, Ronnie Cuber e Craig Purpura, sax baritono; Mike Davis e Jack Walrath tromba; Jimmy Knepper e Keith O'Quinn, trombone; Larry Coryell, Ted Dunbar e Jack Wilkins chitarre; Bob Neloms piano; Eddie Gomez basso; Joe Chambers e Dannie Richmond, batteria.

Al netto di tutte le congetture, va aggiunta una piccola nota: il contenuto dell'album è molto più evocativo rispetto al fratello gemello, «Me, Myself An Eye», e rimanda ad atmosfere molto più classiche e meno proiettate verso le avanguardie. L'impianto sonoro e gli arrangiamenti sono a trazione anteriore, nella forma e nella sostanza, e proposti secondo la classica estetica mingusiana. La musica nonostante quel «Bird» possa far pensare a Charlie Parker, ma solo idealmente, va da tutt'altra parte ed esprime una notevole drammatica epica, attraverso la lunghezza dei brani che si srotolano come un'infinita odissea umana: a volte, è possibile percepire tutti i lati oscuri e tormentati disequilibri della personalità compositiva di Mingus. Si arriva facilmente al climax e, nonostante l'elevato minutaggio che va oltre i trenta minuti, l'attenzione del fruitore rimane costantemente allo stato di veglia.

Nonostante le sue condizioni di salute, l'inquietudine di Mingus emerse prepotentemente. Il bassista incolpò il suo nuovo produttore per i risultati finali ottenuti in fase di post-produzione. Nulla di irreparabile: la chitarra risultava troppo avanti ed in evidenza nel mix rispetto agli altri strumenti.

Queste ultime sessioni, a parte l'assenza del basso di Mingus, che per molti ascoltatori rimane condizionante sul giudizio complessi-

vo, vengono ritenuti inferiori rispetto ai lavori del passato, specialmente per quanti erano (sono) cresciuti nel momento in cui il sassofono e comunque i fiati erano gli strumenti di elezione del jazz
(specie nella scelta di Mingus), piuttosto che l'uso di chitarre sul-
l'onda lunga della fusion. In altri ambiti la figura del direttore-com-
positore è più accettata per ottenere piena titolarità del progetto.
Nel jazz moderno, specialmente l'idea della non partecipazione fisica al set, crea delle difficoltà di valutazione o qualche giudizio som-
mario.

Le ultime registrazioni di Mingus sono state spesso liquidate con
commenti del tipo: «*Tanto lui non era più in grado di suonare; del
resto non si può considerare un disco di Mingus senza lui che suona
il basso*». Ad onor del vero, in questi album sono facilmente identi-
ficabili tutte le peculiarità sonore ed estetiche del concept mingusiano. Con un minimo di attenzione e con un atteggiamento meno
prevenuto si può costruire un ponte tra i classici accettati, acclamati e celebrati e questi residui creativi che pur non raggiungendo vette altissime, indicano chiaramente la strada che il contrabbassista
avrebbe imboccato se la malattia non lo avesse strappato al mondo
degli uomini prima del tempo. *(Charles Mingus - «Something Like
A Bird», 1980).*

IL DOPO CHARLES MINGUS

Nel suo libro di memorie, «Dal vivo al Vanguard», Max Gordon racconta: *«Un mese dopo la morte di Charles Mingus Dannie Richmond, lo storico batterista del gruppo, venne a chiedermi se potevo organizzare qualche serata con la vecchia band rimasta senza capo e senza lavoro».*

«Credo che, adesso che Charlie se n'è andato, il leader sono io» disse Dannie. «Gli ultimi tempi avevo parlato a Charlie dicendogli che avevo in mente di venire un giorno o l'altro da te in cerca di lavoro.

«La musica la conosci» disse. «L'hai suonata con me per vent'anni. E so che i nostri hanno bisogno di lavorare».

Charlie abitava al quarantatreesimo piano di un grattacielo della Decima Avenue. L'infermiera che l'accudiva gli accese un sigaro; dopo aver tirato qualche boccata lui mi disse: «Se c'è qualcuno che possa suonare la mia musica, Dannie, quello sei tu».

«Che ne dici se come basso metto Eddie Gomez?» gli domandai. «E chiamerò l'ensemble Dannie Richmond con il Charlie Mingus Jazz Workshop Quintet, con Eddie Gomez al basso. È così che vorrei chiamarlo. Per te va bene?»

«Per me è Ok» disse Charlie. Ok! Che altro poteva dire?»

Per Mingus poteva andar bene, in fondo lasciava la sua eredità musicale a Dannie Richmond, da sempre, il più fedele dei suoi collaboratori, ma per Gordon, che per il suo locale era portato a valutava sempre i costi ed i benefici, le cose stavano diversamente. Max racconta che erano seduti alla sua scrivania, nel retro del Vanguard, quando Richmond cercò di andare al sodo e definire l'ingaggio:

«Per tornare a noi: qual è il primo buco libero che hai?»

«Senza Charlie sul palco, chi vuoi che venga a sentirvi?»

«Molti, vedrai» assicurò Dannie. «La musica sarà la stessa di prima. Gli strumentisti saranno gli stessi che lavoravano con Charlie.

Con Eddie Gomez al basso, la musica sarà di prim'ordine.»
Forse, ma chi conosceva Dannie Richmond?
Gli dissi che lui non era Charlie Mingus. «La gente non veniva soltanto per sentire Charlie, ma anche per vederlo in azione. Stavano lì seduti in attesa che gli venisse uno dei suoi accessi di furore, quando fermava la musica di botto, nel bel mezzo di un pezzo, per mettersi a inveire contro i membri del gruppo perché aveva sentito qualcosa che non gli andava. Il pubblico restava affascinato.
«Ricordi la sera che colpì il trombonista Jimmy Knepper con un cazzotto in pieno stomaco? E sul palco, per giunta. Perché lo fece?»
«Charlie voleva sentire il pezzo che suonavamo esattamente come l'aveva scritto lui» spiego Dannie.
Dannie, alto e sottile, con una foltissima capigliatura, parlava lentamente, con quella cadenza gentile che hanno i neri del Sud.
«Hai ragione» mi disse. «Io non sono Charlie Mingus. E non butterò giù i denti a qualche trombonista perché sbaglia una nota. Ma vedrai che di note sbagliate non ce ne saranno. Suoneremo i pezzi come li ha scritti Charlie. Ti va? Lo sa Dio quante volte li ho suonati, in vent'anni».
Il racconnto si fa sempre più affascinante, metre i due cercano di rammentare i burrascosi episodi legati al carattere poco conciliante del contrabbassista.
«Certo, Charlie menava le mani facilmente» continuò Dannie dopo una sommessa risatina. «E con questo? Non sempre se la passava liscia, quando lo faceva. Ti ricordi che un tempo Charlie suonava nell'orchestra di Duke Ellington? Il Duca lo licenziò in tronco perché aveva preso a pugni sul palco il sassofonista dell'orchestra Juan Tizol, anzi lo aveva inseguito con un'accetta. Raccontano che, quando lo licenziò, Ellington gli disse: «Se avessi saputo che scatenavi un putiferio simile sul palco, ci avrei scritto un'introduzione».
«Charlie ha dato molti pugni, ma gliene ho visti anche prendere» seguitò Dannie. «Una sera, Sunny Murray lo colpì duramente al Five Spot. E la sera che si sparse la voce che Oscar Pettiford l'aveva messo fuori combattimento in un locale di Harlem, quando i ragazzi del gruppo lo seppero non mancarono di manifestare aperta-

134

mente la loro soddisfazione. Era come se Oscar avesse pareggiato il conto per loro».

«Va bene» dissi a Dannie. «Forse la musica sarà la stessa, ma il compenso non sarà più lo stesso che davo a Charlie».

«Non pretendevo che fosse lo stesso» disse lui. «Dacci un minimo garantito, e se le cose vanno bene, alla fine della serie ci darai un arrotondamento, un premio, va bene?»

Gli diedi la mano, e stabilimmo la data d'inizio per l'ex-band di Charlie Mingus. Era un gran momento, per Dannie: da semplice ele-mento a capo di un suo gruppo. Resto lì un po' assorto, certo pen-sando a questo, e pensando ai vent'anni che aveva suonato con Mingus. Vent'anni! E adesso doveva camminare con le proprie gambe. Dannie si alzò dalla sedia. Tutto era stato stabilito fra noi, la data, il compenso, e quello che doveva comparire nell'annuncio: «Vent'anni con Mingus. Dannie Richmond suona con il Charlie Min-gus Workshop Quintet, con Eddie Gomez al contrabbasso».

Max Gordon, titubante all'inizio, aveva deciso di concedere un'op-portunita al vecchio amico Dannie, uomo di fiducia di Mingus, bat-terista di pregio, persona garbata e, certamente, non insistente o arrogante, mentre la mente correva lontano.

«Dicano quello che vogliono, a me Charlie è sempre piaciuto. Gli volevo bene» disse. «A me non ha mai dato neanche un pugno. Vent'anni insieme in ogni circostanza, nella fortuna e nella sfortu-na. E adesso se n'è andato».

I due restarono a parlare di Charles Mingus, in un Vanguard pome-ridiano vuoto e triste, che non aveva ancora aperto al pubblico. Le cose, presto, si complicarono. Un paio di settimane dopo, il telefo-no di Gordon squillò. All'altro capo del filo, una voce di donna si presentò come la segretaria della signora Mingus.

«Ho sentito che lei ha in mente di scritturare Dannie Richmond per il Vanguard utilizzando il nome di Mingus» mi disse. «Se lo fa, la si-gnora Mingus si aspetta che il venticinque per cento del compenso che lei darà a Richmond sia tenuto da parte e messo a sua disposi-zione, se non vuole che chieda l'annullamento del contratto. Ha ca-pito? La signora Mingus ha un avvocato.» E riattaccò.

Quando riferii a Dannie quello che mi era stato detto al telefono, lui scosse un paio di volte la testa. «È tipico di Sue» disse. «Non sapevo che Charlie l'avesse sposata. O forse sì. Come ti dicevo, aveva sempre qualche donna attorno, che si occupava delle sue cose, gli faceva le commissioni e tutto il resto. Mi sembra che sia cosi tutt'ora».

Dannie esordì al Village Vanguard il 6 febbraio del 1979. Ogni sera, venendo al lavoro, la prima cosa che mi diceva era: «Anche Sue mi ha tenuto al telefono per un'ora. Non vuole essere lasciata fuori. Vuole che l'aiuti a restare con la musica di Charlie, perché lei la ama. Vuole rimettere insieme tutti i membri del complesso di Charlie, dovunque si trovino, e costituire una nuova formazione che dovrebbe chiamarsi The Charlie Mingus Dynasty Band... con me alla batteria».

«Con te come leader, giusto?»

«No, amico. La direzione la vuole lei.»

«Come può pretendere una cosa simile?»

«È quello che seguito a dirle anch'io. Sue le dico, sono io il leader. Suono la musica di Charlie da vent'anni. Tu amerai la sua musica, ma sono io quello che la suona da vent'anni».

«Dannie» gli consigliai «lascia che Sue si faccia chiamare leader, se è questo a cui tiene. Tu sai, e tutti i membri del complesso sanno che il leader sei tu. Che lei faccia pure la custode della musica di Charlie. Dalle qualcosa da fare, firmare carte, qualsiasi cosa, e lascia che si prenda quel venticinque per cento che pretende.»

Lui mi guardò diritto negli occhi, e disse: «Quando tu scritturi la Charlie Mingus Dynasty Band al Vanguard, fratello, se vuoi dare il venticinque per cento a quella donna, daglielo pure. Ma con i tuoi soldi. Chiaro?».

Nel giugno del 1978 Mingus, Sue ed il figlio Eugene si trasferirono in Messico, a Cuernavaca, dove il bassista si affidò alle inutili e primitive cure di una sedicente guaritrice segnalatagli da Gerry Mulligan e dove morì il 5 gennaio del 1979. Nell'aprile dello stesso anno si costituì la Mingus Dynasty, gestita dalla moglie Sue, mentre arrivò sul mercato l'atteso «Mingus» di Joni Mitchell.

Quando nel 1979 venne pubblicato l'album della Mitchell il dibattito s'infiammò e non tutti lo apprezzarono, soprattutto i sostenitori più integralisti del contrabbassista. Nonostante la scena musicale fosse pervasa trasversalmente da molteplici fenomeni di contaminazione, non tutta la critica si schierò dalla parte della cantautrice canadese.

Il disco nacque da un'idea di collaborazione tra Charles Mingus e Joni Mitchell partita nel 1977, ma bruscamente interrotta dalla malattia e dalla morte del contrabbassista. Nel novembre dello stesso anno il bassista fu ricoverato al Columbia Presbyterian Neurological Institute, dove gli venne diagnosticata la sclerosi amiotrofica laterale, detta morbo di Gehrig. Mingus morì quattordici mesi dopo.

Se la sorte non fosse stata avversa, il connubio fra i due, chimicamente, sarebbe potuto diventare un ibrido di risonanza, ma il risultato finale fu invece di risonanza mondiale, nonostante la lunga gestazione del progetto ed il cambio di alcuni assunti basilari fissati in fase seminale. Mingus aveva affidato alla cantautrice sei composizioni, alcune anche del suo repertorio storico come «Goodbye Pork Pie Hat», perché lei scrivesse i testi.

La bionda canadese, però, all'atto della stesura finale, ne utilizzò solo quattro preferendo altre due composte di suo pugno, anche se armonicamente in linea con lo stile mingusiano, a cui aggiunse alcuni frammenti parlati con la voce di Mingus. Più eclatante fu invece la variante in termini di strumentazioni: l'idea iniziale di fare un album di jazz acustico fu tradita e ci si indirizzò verso la dilagante fusion, utilizzando il basso ed il piano elettrico, soprattutto perché la Mitchell in quel periodo era attratta dal suono dei Weather Report. Sicuramente alcune precise scelte ed indicazioni della casa discografica, che guardava molto al mercato, furono assai condizionanti.

Nel progetto vennero coinvolti anche Herbie Hancock al piano, Don Alias alle percussioni, Jaco Pastorius al basso e Peter Erskine alla batteria. La stessa Mitchell, oltre a cantare, coprì delle parti riservate alla chitarra. Pare che Wayne Shorter avesse inizialmente declinato l'offerta. L'album è un vortice di trame sonore molto complesse, non facili da penetrare, il contatto si stabilisce man mano che si procede nell'esplorazione, perfino l'andamento ritmico sembra anomalo, ma gli elementi base del jazz, piano piano emergono risucchiando l'ascoltatore come in un ipnotico campo magnetico.

La voce di Joni Mitchell si erge limpida e cristallina a dominio del substrato sonoro, senza lasciarsi intrappolare nell'andamento percussivo e trasformarsi in un borbottio pseudo-scat, ma privilegiando l'elemento melodico e la chiarezza narrativa del testo cantato. Un lavoro non facile da collocare nell'ambito di un jazz ortodosso, anche se lo è per struttura e sintassi. In ogni caso, l'album non dovrebbe mancare nella collezione di qualunque appassionato, almeno di ogni estimatore di Charles Mingus e della sua genialità. *(Joni Mitchell - «Mingus», 1979).*

Dopo la morte del contrabbassista di Nogales, il National Endowment for the Arts fornì sovvenzioni per la fondazione Mingus creata dalla moglie Sue e chiamata «Let My Children Hear Music» (in onore di uno dei suoi dischi). La fondazione si preoccupò di catalogare tutte le opere del musicista. I microfilm contenenti tutto il materiale furono messi a disposizione della Music Division presso la New York Public Library, dove sono attualmente disponibili per lo studio, la ricerca ed ogni tipo di consultazione. Sue Mingus ha fondato tre gruppi autorizzati a portare in giro per il mondo il repertorio del marito: la Mingus Dynasty, la Mingus Orchestra e la Mingus Big Band. La Biblioteca del Congresso, nel 1993 ha acquistato la Charles Mingus Collection, un'importante acquisizione che includeva manoscritti autografati, fotografie, bozze letterarie, corrispondenza e registrazioni su nastro di interviste, trasmissioni, sessioni di in studio e registrazioni di Mingus che componeva al piano.

Oggi alla luce di una revisione storica di tutto l'impianto della spesso approssimativa storia del jazz scritta nei decenni precedenti, Mingus si staglia come una figura maestosa e spesso inarrivabile. Sono lontani i tempi, quando nei primissimi anni '60, nonostante il contrabbassista di Nogales avesse già pubblicato alcuni album seminali, veniva descritto da due autori nostrani con una sola riga in una farsesca pubblicazione jazzistica (se letta ex-post): «...e poi *Charles Mingus che sta tentando di sperimentare una sorta di jazz*

138

modale». Tutto qui! Non di meno molti critici, negli anni successivi, si sono attardati a descrivere il pessimo carattere di un personaggio *oversize*, scontroso ed umorale, senza cercare di sondarne minimamente la profondità della musica.

Lo stesso Arrigo Polillo non va in profondità cercando di sondare le peculiarità della sua composizione, ma si sofferma sugli elementi caratteriali: «*Mingus era un uomo in cui la dolcezza, la gentilezza, il bisogno di amore, confinanavano e si alternavano come altrettante facce del medesimo prisma. Le ragioni di certe abnormità, di cui si dimostrò sempre consapevole, è facile ricondurle al suo essere troppo nero per i bianchi e troppo bianco per i neri (era figlio di un nero e di una nativa americana). Quando era un musicista già affermato si presentò volontariamente al Bellevue Hospital di New York (l'ospedale psichiatrico in cui un'infinità di jazzisti tra cui Parker a Powell provarono a curare il loro mal di vivere)*».

Del resto sono poche le espressioni artistiche che, al pari del jazz, hanno consentito a così tanti musicisti con gravi problematiche psichiatriche di scrivere pagine di storia tanto coinvolgenti. Edmond Pollock, lo psichiatra che lo ebbe a lungo in cura, dichiarò: «*Le sofferenze sperimentate nell'infanzia e poi nell'età matura come uomo di colore sono state sicuramente sufficienti per indurre in lui uno stato di grande amarezza, odio, distorsioni, e per farlo fuggire dalla realtà. Egli è dolorosamente conscio dei suoi sentimenti e vuole disperatamente guarire*».

Charles Mingus fu un genio infelice ma riuscì ad enucleare un centro di serenità nella musica che gli impedì di precipitare nei più reconditi abissi della follia; nonostante abbia spesso costeggiato l'orlo del precipizio, come il succitato autoricovero al discutibile Bellevue Hospital, un manicomio dove un eccentrico primario gli suggerì una lobotomia, con il rischio di rimanere menomato, quale soluzione a tutti i suoi problemi psichici. Intervento fortunatamente mai eseguito.

Mingus era ossessionato dal «sinfonismo» di Duke Ellington e dal fatto che il jazz non fosse considerato alla medesima stregua della musica classica. Ecco cosa scriveva negli anni '70: «*Il jazz, per come è stato trattato in passato, spinge i giovani a credere solo nella tromba, nel trombone, nel sassofono, forse un flauto ogni tanto o un clarinetto (...) Ma non è abbastanza. Penso che sia ora che i nostri ragazzi siano educati all'idea di poter suonare fagotto, oboe, corno inglese, corno francese, percussioni, violino, violoncello, perfino la fisarmonica (...) Se noi cosiddetti jazzisti e compositori spontanei cominciassimo ad includere questi strumenti nella nostra musica, si aprirebbe un mondo, si eliminerebbero i pregiudizi perché la musicalità sarebbe così alta che la «sinfonica» non potrebbe rifiutarci».*

Quando parla di sinfonica Mingus si riferisce al mondo della musica classica, tanto che il suo genio non ha mai smesso di stupire, tentando di oltrepassare la linea di confine: ne è una conferma questa monumentale opera postuma, almeno resa tale dopo la sua morte. Buona parte della struttura di «Epitaph» era stata concepita per una seduta di registrazione che Mingus tenne nel 1962 alla Town Hall di New York: come già raccontato, il contrabbassista venne informato solo all'ultimo momento che gli organizzatori avevano spacciato la serata non come una prova aperta al pubblico, ma come un regolare concerto a pagamento.

«Epitaph» è una composizione lunga più di 4000 misure che richiede circa due ore per essere eseguita. Il sorprendente ritrovamento avvenne durante il lavoro di catalogazione del materiale appartenuto a Mingus. Nel 1985 Andrew Homzy scovò il manoscritto basato su diciotto movimenti e centotrenta minuti di musica velocemente appuntati su pagine imbrunite dal tempo, smozzicate, sgualcite e poco leggibili. A ricostruirle, integrarle, correggerle, dotarle di collegamenti ed eseguirle alla testa di trenta orchestrali fu Gunther Schuller, musicologo, compositore ed amico personale di Mingus.

La cronaca di quella serata di prova riporta un increscioso episodio, a tratti imbarazzante, una situazione kafkiana con i continui inviti di Mingus affinché il pubblico si facesse rimborsare il prezzo del biglietto mentre, sul palco, due copisti scrivevano le varie parti man mano che i musicisti le eseguivano in maniera confusa ed approssimativa. «Epitaph», è una sorta di canto del cigno, l'opera (forse incompiuta) a cui il genio di Nogales lavorò fino alla sua morte, mentre una terribile malattia lo stava divorando, ma dai risultati sembrerebbe che la sua vena creativa non ne fosse stata ancora per nulla intaccata.

L'aneddotica narra che Mingus avesse tentato di accorpare le musiche di quella tragica serata del 1962 alla Town Hall di New York con alcune composizioni precedenti come «Better Get It In Your Soul», «Chill of Death» e «Peggy' s Blue Skylight» rielaborate per una grande orchestra, numerando accuratamente spartiti e battute. *«L'ho scritta per la mia pietra tombale, il titolo è emblematico»*. Così rispondeva Mingus a chi in quella caotica serata gli chiedeva conto della velleità dell'opera.

Tutto vero, perché il disco realizzato da Gunther Schuller è una sontuosa pagina di jazz sinfonico, un requiem incompiuto e restaurato quasi fedelmente senza alterare i propositi del compositore, un evento premiato e santificato dalla critica. Trattasi di una formula compositiva assai complessa e non comune per il jazz di quegli anni, con un registro che oscilla tra il linguaggio blues e la politonalità, con frasi veloci e salti vertiginosi creati per sfidare anche i più abili musicisti.

Dieci anni dopo la morte di Mingus, con la sovvenzione della Fondazione Ford, la direzione dello stesso Gunther Schuller e la produzione dalla vedova, Sue, le parti strumentali sono state trascritte ed eseguite in prima assoluta all'Alice Tully Hall, il 3 giugno del 1989, da un'orchestra di 30 elementi. Il New Yorker scrisse che «Epitaph» rappresentava «*il primo vero passo in avanti nella composizione jazz dal 1943, quando Duke Ellington scrisse «Black, Brown, and Beige»*». Il New York Times annoverò il concerto tra «*i più memorabili eventi jazz del decennio*». Convinto che non sarebbe mai stato completamente eseguito durante la sua vita, Mingus aveva chiamato questo lavoro «Epitaffio», indicandolo come un'epigrafe sonora per la sua pietra tombale. L'opera è disponibile su un doppio CD di ottima qualità sonora. *(«Epitaph» di Charles Mingus /Orchestra diretta da Gunther Schuller, 1990)*.

Il tour europeo del '64, di cui abbiamo più volte trattato, fu un'esperienza per alcuni aspetti esaltante: il gruppo al seguito di Mingus riuscì ad allargare i confini del jazz convenzionale. Il contrabbassista, sostenuto da Dannie Richmond, cambiava costantemente i ritmi quando il procedimento risultava troppo accomodante, spingendo i collaboratori a suonare al di sopra delle loro capacità; l'aspetto più inquietante - come più volte sottolineato - fu la mole di materiale registrato in maniera piratesca, talvolta dilettantesca. Jaki Byard ricorda che ciascuno di loro aveva il sospetto che, dovunque in Europa, li stessero registrando: «*Sapevamo che lo stavano facendo. Non potevamo farci niente*». Lo stesso Mingus si era più volte lamentato per la presenza di telecamere e registratori, sollevando qualche incidente nelle prime file. In un'intervista del 1975, Charles Mingus si lamentava: «*I Francesi hanno fatto uscire il disco senza pagarmi. Non mi hanno ancora pagato. La Fantasy (Prestige) ha dato per scontato che i francesi l'avessero fatto e ne hanno acquisito i diritti. Ma nessuno ha pagato i musicisti*».

Il fenomeno della pirateria discografica, negli anni a seguire, indusse la vedova di Mingus ad intervenire legalmente cercando di ufficializzare quanto più materiale possibile, al fine di sottrarlo allo sfruttamento di fantomatiche etichette che non ne detenevano i diritti e che avevano immesso sul mercato un'infinità di album, spesso stampati in maniera approssimativa, per quando indicativi di ciò che era accaduto nel corso di quelle serate. «Revenge», disponibile in un set di due CD, fu la prima pubblicazione dell'etichetta di Sue Mingus finalizzata per combattere i molti contrabbandieri che pubblicavano illegalmente la musica del defunto marito senza versare un dollaro di royalties. Nonostante sul doppio CD venga riportata la data del 18 aprile, il concerto in oggetto si tenne a Parigi il 17 alla Salle Wagram. Johnny Coles, non elencato fra i credits, appare solo su «So Long Eric», la stessa versione precedentemente uscita su etichetta Fantasy in «The Great Concert Of Charles Mingus».

Sulla base del racconto di Johnny Coles, un circo russo si era esibito nella Salle Wagram poco prima del concerto del sestetto di Mingus. Il palco era molto alto e Coles contò 22 gradini mentre saliva cominciando ad accusare i primi disturbi. Dopo aver suonato un assolo all'inizio del set iniziò a sentire un forte dolore ai fianchi. Quando il dolore divenne insopportabile, si diresse dall'altra parte del palco, attraversò la tenda precipitando da tutti quei gradini. «*Fortunatamente non mi sono fatto niente e non si è neppure ammaccata la tromba quando ho toccato il fondo!*», raccontò.

L'attrice Mae Mercer lo portò prima in un ospedale francese che rifiutò il ricovero perché, come dissero, «*non parlavo francese*». Coles fu ammesso alla Clinica Americana di Neuilly. Tre giorni dopo, quando si svegliò, il medico curante lo salutò dicendo: «*È bello vederti vivo! Se fossi arrivato in ospedale cinque minuti più tardi non starei qui a parlare con te*». Il tour continuò senza Johnny Coles, anche se la sua tromba venne portata sul palco ogni sera e messa su una sedia vuota in suo onore.

Il concerto alla Salle Wagram non deve essere confuso con un secondo live tenutosi il giorno dopo, sabato 18, al Teatro Champs-Elysees che, iniziato dopo la mezzanotte, viene spesso datato domenica 19 aprile. Questo secondo live a metà degli anni Settanta venne pubblicato negli USA su vinile dalla Prestige/Fantasy con il titolo «The Great Concert of Charles Mingus». L'immissione sul mercato causò un po' di confusione con l'aggiunta di una traccia dal primo concerto alla Salle Wagram e con l'aggravante dell'errata denominazione della traccia stessa. Il pezzo d'addio di Mingus a Eric Dolphy, «So Long Eric», per qualche strana ragione, prese il titolo di una delle composizioni più famose del bassista di Nogales: «Goodbye Pork Pie Hat», già dedicata a Lester Young. Tale errore, riportato sulla prima ed illegale pubblicazione francese, fu perpetuato dalla Fantasy, che non consultò mai Mingus, e in altri due bootleg europei. Perfino Joel Dorn, collaboratore della Revenge Records al tempo della prima pubblicazione ufficiale, fece lo stesso errore, corretto successivamente in una seconda edizione.

Il racconto di Sue ci fornisce la dimensione del fenomeno: «*La prima volta che fui sorpresa a rubare dischi fu a Parigi nell'autunno del 1991. Avevo attraversato la porta d'ingresso del più grande record store della città e mi trovavo sugli Champs-Elysees quando tre guardie del negozio spuntarono dal nulla e mi circondarono. Sven-*

143

tolavano i walkie-talkie e gridavano in francese parlando con qualcuno all'interno del negozio. Avevo circa 20 dischi di Mingus rubati
sotto le braccia. Le guardie mi spinsero verso l'interno. Dopo aver
attraversato vari uffici mi portarono dal direttore che mi guardava
con aria minacciosa (...) Gli spiegai che avevo preso i CD perché il
negozio non aveva il diritto di venderli, poiché erano stati emessi
da case discografiche non autorizzate, nessuna delle quali pagava i
diritti d'autore, e che non avevo intenzione di rimetterli negli appo-
siti contenitori. Il direttore mi guardò con incredulità e disse che
avrebbe chiamato la polizia, quindi afferrò il telefono. A questo
punto lo invitai a chiamare i giornali, le troupe televisiva del tele-
giornale ed anche la principale rivista francese di jazz, i cui uffici si
trovavano dall'altra parte della strada, in modo da poter spiegare
la vicenda a tutti.

A questo punto il direttore mi scrutò con aria rassegnata mettendo
giù il telefono, quindi con un tono più gentile dichiarò che un terzo
del prodotto che vendeva rientrava nella categoria che stavo conte-
stando e che non avevo il diritto di portare via ciò che apparteneva
a un'impresa legittima, che offriva pubblicamente ciò che la gente
voleva comprare. Mantenni la mia posizione ricordandogli che i
bootleg erano in concorrenza con i dischi legalmente venduti nel
negozio. Dissi che stava favorendo un crimine e che ero dispiaciuta
di non aver rubato i dischi il giorno prima, mentre l'opera di Mingus, «Epitaph», veniva eseguita in una delle maggiori sale da concerto di Parigi davanti a un pubblico inferiore alla capienza, sottoli-
neando il fatto che il clamore di un arresto avrebbe favorito il tutto
esaurito in sala. Il direttore del negozio si alzò improvvisamente
dalla sua scrivania e lasciò la stanza (...)

Dopo un po' arrivò qualcuno per dirmi che avevo il permesso di
uscire. Quando attraversai la porta d'ingresso, nonostante avessi i
CD, questa volta però i campanelli d'allarme rimasero in silenzio.
Per anni ho rovistato negli scaffali di tutto il mondo, mentre ero in
tour, rimuovendo i dischi illegali di Mingus. L'ho fatto mentre Charles era ancora vivo e dopo la sua morte. Il rapporto quantitativo
nella maggior parte degli espositori è di circa tre a uno a favore de-

gli album pirata. In genere accatasto i dischi illegali in bella vista e me ne vado davanti al registratore di cassa. Anche se ai vecchi tempi ammucchiavo i vinili sotto le braccia, i CD sono meno maneggevoli. Sono perfino andata nei negozi di dischi ed ho strappato le copertine di plastica dei CD lasciandole appoggiate sui cestini.

Con l'eccezione di Parigi e di un negozio a Chicago non sono mai stata fermata. Purtroppo ho determinato un effetto trascurabile sulla vendita di questi dischi. Gli LP ed i CD illegali sono un grande affare. Così ho deciso di continuare la mia lotta su vasta scala in maniera organizzata: la Jazz Workshop Inc., l'editore che tutela la proprietà letteraria e compositiva di Charles Mingus, ha iniziato a ristampare legittimamente il miglior materiale a disposizione tra quello piratato. Continueremo a stampare le stesse registrazioni pubblicate illegalmente da altri, ma lo faremo meglio e le rivenderemo con note di copertina complete, fotografie autentiche, dati storici e tariffe più economiche con l'idea di svalutare l'azione dei pirati e metterli fuori gioco».

Il concerto parigino al netto delle problematiche elencate costituisce una bella pagina di storia del jazz mondiale con un Mingus all'apice dei suoi poteri creativi seguito da una band stellare, tra le migliori che avesse mai coagulato intorno a sé: Eric Dolphy al contralto, al clarinetto basso e al flauto), Clifford Jordan al sax tenore, Jaki Byard al pianoforte, Johnny Coles alla tromba e Dannie Richmond alla batteria. Le versioni di «Peggy's Blue Skylight» e «Orange Was the Color of Her Dress» mostrano i loro momenti di gloria ma il gruppo raggiunge lo Zenith nelle due performance più lunghe «Meditations on Integration» e «Parkeriana» (un omaggio a Charlie Parker assai differente rispetto alla versione Fantasy), ma soprattutto una trascinante «Fables of Faubus». Eric Dolphy, in particolare sul contralto, è al top della condizione, Clifford Jordan riesce a tenergli il passo, mentre la versatilità di Jaki Byard, che si dimena tra bop, avanguardia, Duke Ellington e piano stride, appare come una risorsa irrinunciabile.

A proposito di «Meditations on Integration» in «Charles Mingus: More Than a Fake Book» il bassista racconta: «*Nel nostro tour eu-*

ropeo del 1964 la gente non ha mai sentito 'Meditations' nel modo in cui doveva essere eseguita con una tromba (...) La maggior parte della melodia fu lasciata fuori perché Johnny Coles svenne sul palco all'inizio del tour. Non me ne sono nemmeno reso conto, non me ne accorsi finché Eric Dolphy continuò a suonare, richiamando la mia attenzione sul fatto che qualcosa non andava». Lo stesso Mingus raccontò che questa canzone «*nacque da un articolo di giornale che Eric Dolphy lesse, in cui si descrivevano le condizioni del Sud, compreso il fatto che le persone venivano separate in prigioni costruite specialmente per quelli di pelle più scura, con filo spinato e recinzioni elettriche (...) Non avevano ancora forni e rubinetti a gas, ma avevano recinzioni elettriche. Così ho scritto quel pezzo*».

A proposito di «Orange Was The Color Of Her Dress, Then Blue Silk» Mingus aveva realizzato una precedente composizione intitolata «Song with Orange», di cui disse: «*Fu scritta per un programma televisivo di Robert Herridge. Parla di un compositore di talento che incontra una ragazza ricca che cerca di rovinargli la vita. Lei non ha nulla da offrirgli se non denaro, così gli chiede di scrivere una canzone e di dedicarla al suo vestito che era arancione pur sapendo che nulla facesse rima con arancione*». Sebbene «Orange Was The Color Of Her Dress, Then Blue Silk» sia una diversa composizione, potrebbe essere ispirata dallo stesso programma televisivo. Fu all'inizio di questo brano che Johnny Coles collassò ed il tour dovette continuare senza di lui. *(Charles Mingus - «Revenge», 1964 / 1996).*

LIBERTÀ ESPRESSIVA E PADRONANZA DEL TEMPO

Berendt scriveva di Mingus: «*Può esprimere il suo odio verso la gente attraverso la musica e, siccome lo fa in modo così convincente, niente da dire. Ma quando l'odio si esprime nel suo comportamento diventa penoso e imbarazzante*». Nella vita del contrabbassista di Nogales non ci furono solo gli sbalzi d'umore, ma anche trionfi e ricadute sul piano della carriera, che fu frastagliata ed incostante concentrando il meglio nell'arco di una decina di anni abbondanti che vanno dalla seconda metà degli anni Cinquanta ai tardi anni Sessanta, quando la presa di coscienza afro-americana generò inedite modalità comunicative recuperando un linguaggio vicino al soul, al funk e alle forme responsoriali di derivazione gospel, attraverso una dinamica che fisserà i punti di ancoraggio e le formule espressive dell'hard bop. Il blues sarà il punto cardine, ma elementi folklorici e rimandi alla musica colta andranno sempre più ad aggiungersi all'universo compositivo di Mingus.

Quasi quindici anni durante i quali il contrabbassista ha generato una curva sinusoidale ascendente al massimo della potenza espressiva e compositiva, per poi precipitare in un baratro di problemi finanziari, personali e psichiatrici, quindi di rientrare in pompa magna sulle scene ancora per pochi anni, prima che la malattia acquietasse per sempre la sua vulcanica creatività.

I primi anni di attività furono di lenta costruzione, ma anche di incomprensioni con «il resto del mondo»; mentre l'ultimo decennio condizionato dapprima dalle problematiche psichiche sempre più marcate e dalla malattia fisica poi, gli impedirono di terminare del tutto un progetto sonoro più complesso, forse, più ambizioso e più a lungo termine; nonostante, come ampiamente descritto, negli anni Settanta fosse riuscito ad aggiungere delle punte d'eccellenza ad una già prestigiosa discografia. In verità raggiunse il climax della

147

fama mondiale proprio a metà degli anni sessanta, quando la sua tecnica cominciò ad influenzare il panorama jazzistico americano ed europeo. In quegli anni alcuni eminenti studiosi rilevarono che la tendenza di Mingus a suonare in levare ne caratterizzasse lo stile, conferendo un tratto distintivo alle sue opere foriere di una continua e frenetica tensione ritmica ed emotiva.

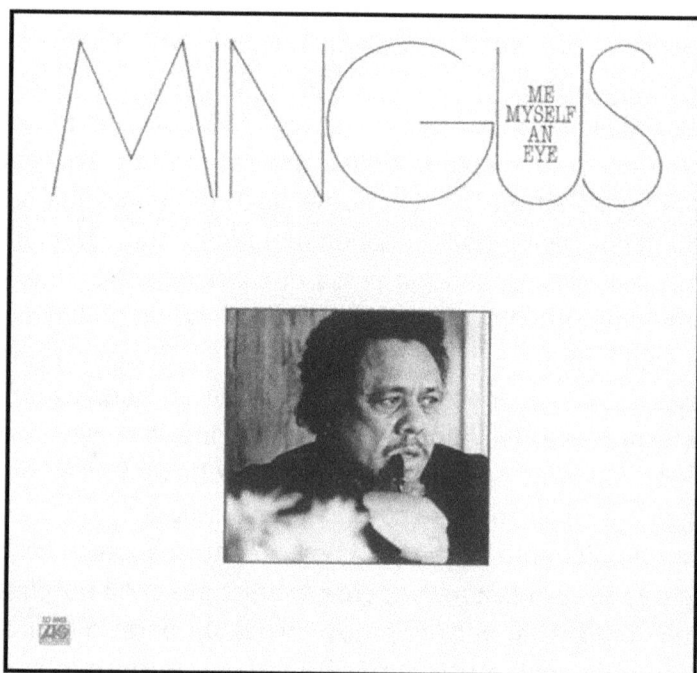

Mingus non guarì mai dai problemi mentali, ed al netto della sua malattia fisica, non sarebbe mai guarito. Oggi ex-post e con un minimo di cinismo potremmo affermare senza tema di smentita che, senza quelle turbe psichiche, quegli sbalzi d'umore, quel carattere irruento ed instabile, non avremmo avuto tanti capolavori così «deviati», trasversali, originali ed imprevedibili; per certi versi la conseguenza di una tensione che rispecchiava una personalità indecifrabile, perennemente in bilico tra spinte emotive contrarie ed irrefrenabili che andavano dal vittimismo all'esaltazione di sé; una sorta di pazzia sotto controllo che generava creatività.

Del resto Mingus, come abbiamo visto, non fu l'unico caso nel mondo del jazz in cui le inquietudini esistenziali siano state sublimate in arte. Compositore tracimante, secondo quantitativamente solo a Duke Ellington, il contrabbassista fu uno dei pochissimi artisti per il quale furono istituite due borse di studio in suo onore, come ricordato da Steve Schlesinger della Guggenheim Foundation che, riferendosi alle abilità compositive del genio di Nogales, volle sottolineare come stesse aspettando con impazienza «*il giorno in cui si sarebbero potute trascendere definizioni ed etichette quali jazz o altro, e finalmente riconoscere Mingus come il più importante compositore americano*».

Il tempo è medico dei mali, dunque Mingus oggi viene considerato uno dei più autorevoli musicisti del Novecento: abilissimo nella sintesi tra composizione e improvvisazione: negli anni, ha elaborato numerose tecniche innovative per integrare pianificazione, musica scritta e spontaneità improvvisativa, forme complesse prestabilite e libertà solistica. Sovente il contrabbassista giustapponeva gruppi di strumenti al fine di evidenziare il contrasto tonale, usando al contempo una dinamica mutevole con l'intento di far emergere inedite sonorità non contemplate dallo schema compositivo strutturale.

Considerato da molti critici come l'erede ideale di Duke Ellington, Mingus diede il meglio di sé alla guida di line-up di medie dimensioni, tra gli otto e i dieci elementi, ossia meno numerose delle big band dirette da Ellington, ma più nutrite rispetto alle compagini predilette, mediamente, dalla maggior parte dei jazzisti degli anni '60 e '70, i quali optavano per il formato trio, quartetto o quintetto. Molti dei concept sonori di Mingus sono diventati con il tempo degli standard o dei veri e propri modelli di studio.

A torto il genio di Nogales viene indicato spesso come un contrabbassista, dimenticando la sua potenza di compositore, forse perché prima di lui questo ingombrante strumento non aveva mai avuto rappresentanti troppo carismatici e protagonisti assoluti sul palco. Il contrabbasso, ritenuto semplicemente uno strumento d'accompagnamento era stato a lungo confinato alle retrovie. Unitamente a qualche altro virtuoso suo contemporaneo, Mingus definì le nuove regole d'ingaggio e le tecniche di improvvisazione che avrebbero guidato i contrabbassisti nei decenni a venire, integrando le funzioni di indirizzo armonico e ritmico del contrabbasso alle invenzioni melodiche degli strumenti a fiato.

Ciononostante il suo virtuosismo sullo strumento di elezione è nulla se paragonato alle vette raggiunte da compositore. La sua mente è stata un compendio di storia della musica ed, al contempo, un fucina di sintesi e di costruzione delle idee.

Alcuni trovavano la sua musica inquietante, altri impegnativa e stimolante. In ogni caso l'uomo di Nogales fu in grado di reggere il passo e tenere testa ad ogni nuovo sviluppo evolutivo del jazz, conservando sempre una forte individualità, tanto da evitare l'identificazione con qualsiasi scuola di pensiero. Tra ingegno e follia, tra genio ed imprevedibilità, Mingus incarna la figura del primo vero artista postmoderno della storia del jazz.

DISCOGRAFIA TRATTATA

1955 Mingus at the Bohemia / Chazz - Debut

1955 The Charles Mingus Quintet + M.Roach - Debut (Pub. nel '64)

1956 Jazz Composers Workshop - Savoy

1956 The Jazz Experiments of Charles Mingus - Bethlehem

1956 Pithecanthropus Erectus - Atlantic

1957 The Clown - Atlantic (Pubblicato nel '61)

1957 Mingus Three - Jubilee

1957 East Coasting - Affinity

1957 Tijuana Moods - RCA

1959 Jazz Portraits: Mingus in Wonderland - Blue Note

1959 Mingus Ah Um – Columbia

1959 A Modern Jazz Symposium Of Music And Poetry - Bethlehem

1960 Mingus Dynasty - Columbia

1960 Mingus at Antibes - Atlantic

1960 Charles Mingus Presents Charles Mingus - Candid

1960 Blues & Roots – Atlantic

1960 Mingus! - Candid

1961 Mysterious Blues - Candid

1961 Oh Yeah - Atlantic

1961 Tonight at Noon - Atlantic

1962 Town Hall Concert – Blue Note

1963 Money Jungle (Con M. Roach e D. Ellington) - Blue Note

1963 The Black Saint and the Sinner Lady - Impulse!

1963 Mingus Mingus Mingus Mingus Mingus - Impulse!

1963 Mingus Plays Piano - Impulse!

1964 The Great Concert of Charles Mingus - Prestige

1964 Mingus in Europe Volume 1 / 2 - Enja

1964 Mingus At Monterey - Fantasy

1971 Let My Children Hear Music - Columbia

1972 Charles Mingus and Friends in Concert - Columbia

1973 Mingus Moves - Atlantic

1974 Mingus at Carnegie Hall - Atlantic

1975 Charles Mingus @ Bremen 1964 - Revenge Records

1975 Changes One / Changes Two - Atlantic

1976 Cumbia & Jazz Fusion - Atlantic

1977 Three of Four Shades of Blues - Atlantic

1979 Me, Myself an Eye - Atlantic

1980 Charles Mingus - Something Like Bird - Atlantic

BIBLIOGRAFIA DI RIFERIMENTO

Mingus: A Critical Biography - Brian Priestley, Quartet Books Ltd, 1983

Charles Mingus - Mario Luzzi - Lato Side MusicAmerica, 1983

Better Git It in Your Soul: An Interpretive Biography of Charles Mingus - Krin Gabbard, University of California Press, 2013

Peggio di un bastardo. L'autobiografia di Charles Mingus - SUR, 2015

Tonight At Noon. Un'indimenticabile storia d'amore e di jazz - Sue G. Mingus - Dalai Editore, 2005

I Know What I Know: The Music of Charles Mingus - Todd S. Jenkins - Praeger Pub Text, 2006

Mingus secondo Mingus. Interviste sulla vita e la musica - John F. Goodman - Minimum Fax, 2014

Charles Mingus. L'uomo, la musica, il mito - Krin Gabbard, EDT, 2017

Art Taylor - Notes and Tones: Musician to Musician Interviews, Perigee, 1982

Leonard Feather - The Encyclopedia of Jazz, Horizon Press, 1960

West Coast Jazz: Modern Jazz In California 1945-1960 -Ted Gioia, Oxford University Press, 1992

azz Is -Nat Hentoff, Limelight Editions, 1984

Jazz Greats - David Perry, Phiadon Press Limited, 1996.

Understanding Jazz - Leroy Ostransky, Prentice-Hall, 1977.

The Jazz Tradition - Martin Williams, Oxford University Press, 1983.

Myself When I Am Real - Gene Santoro, Oxford University Press, 2000.

Down Beat: December 7, 1978; February 1989; March 1989; September 1989; July 1990; October 1990; March 1991; September 1991; April 2002

New York Times: January 30, 1972; January 9, 1979.

NOTE SULL'AUTORE

Francesco Cataldo Verrina, conduttore ed autore radio-televisivo, scrittore, presentatore di spettacoli, sceneggiatore di film pubblicitari, sin dai primi anni '80 si occupa di musica e cultura afro-americana; a partire dal 1984, collabora con numerose testate su argomenti riguardanti la discografia, la comunicazione e lo spettacolo. Autore di canzoni, ha partecipato a molte produzioni discografiche, curando l'ufficio stampa e la promozione di innumerevoli artisti. Attualmente collabora con alcune testate e con un pool di radio in qualità di conduttore e critico musicale. Ha scritto vari racconti, testi per fumetti legati alla storia locale, libri umoristici e di saggistica sulla comunicazione e sulla musica: «Risus Sine Pausa. Rilettura della storia in chiave umoristica», «Humus. La frittata di Woody Allen», «Il Segreto di Giulio Cesare», «Opus Rouge. Prete e Demonologo», «Il Pubblicitario che fissava le capre», «Fare Pubblicità nell'Epoca del Sesto Senso», «La Comunicazione di Plastica. Pubblicitari sull'orlo di una crisi di verve», «La Pubblicità Capovolta», «Disco Music: The Whole World's Dancing»; Divas Of Disco: Regine, Principesse e Cortigiane della Disco Music»; «Italo Disco Story: Il dominio italiano sulla dance culture degli anni'80»; «Jazz: Uomini & Dischi / Dal Bop al Free»; «Paolo Fresu. Dischi & Pensieri» (Insieme a Guido Michelone e Silvia Belfiore) e prossimamente «Jackie McLean. Il Genio nell'ombra».

155

ISBN: 978-1-6671-3540-3
STAMPA LULU INTERNATIONAL PRESS
Copyright © 2021 Kriterius Edizioni
Prima Edizione Italiana

Lightning Source UK Ltd.
Milton Keynes UK
UKHW040639011021
391497UK00003B/435

9 781667 135403